文成天縱

說文古本考

SHUOWEN GUBEN KAO

〔清〕沈濤　撰

3

广西师范大学出版社
GUANGXI NORMAL UNIVERSITY PRESS
·桂林·

重印說文古本攷

十至十一之下

說文古本攷第十卷上　　嘉興沈濤纂

馬部

馬怒也武也象馬頭髦尾四足之形凡馬之屬皆从馬影古文影籒文馬與影同有髦

濤案廣韻引說文頭字上無馬字葢奪文非古本如是也玉篇云馬武獸也怒也武字下多獸字亦顧氏所增非本說文御覽八百九十三獸部引正同今本作怒也武也又案玉篇影籒文影古文是古本篆體如此若如今本則古文與籒文無別矣

騏馬青驪文如博棊也从馬其聲

濤案一切經音義卷二引馬文如綦文卷四引馬文如綦曰騏卷七引馬有青驪文似綦也文選七發注引騏馬驪文如綦也是古本作馬青驪文如綦今本誤綦爲綦綦又妄增博字耳詩小戎駕我騏馵傳曰騏綦文也正義曰色之青黑者名爲綦馬名爲騏知其色作綦文駒傳曰蒼騏曰騏鳲鳩傳曰騏騏文也騏卽綦字之假借尚書顧命釋文引馬注云騏青黑色馬色青驪故曰文如綦今本作博綦不可通荀子性惡篇注云驒讀爲騏謂青驪文如博綦似唐中葉本許書已有作博綦者故楊氏用之而二徐因之耳

驪 馬深黑色从馬麗聲

濤案詩魯頌尓疋釋畜釋文兩引說文云深黑色馬也尓疋音義引無也字馬字在色字下以本書本部通例證之今本未誤蓋釋文傳寫移馬字於下非古本如是史記匈奴列傳索隱引云驪黑色此小司馬有所節取矣

騢 馬赤白雜毛从馬叚聲謂色似鰕魚也

濤案尓疋釋畜釋文引作馬赤白雜色文似鰕魚也詩魯頌釋文又引作赤白雜色文似鰕魚蓋古本如是且二句皆當在从聲之上今本色字誤作毛文字誤作色又衍謂字以从馬叚聲隔之皆非也

騅 馬蒼黑雜毛从馬隹聲

濤案戴侗六書故云騅徐本說文曰蒼黑雜毛正謂唐本不如是也歷攷玉篇廣韻經典釋文俱云蒼白雜毛而釋畜及毛傳皆同未有言黑者蒼黑黑字爲今本譌誤無疑以六書故證之可見

駱馬白色黑鬣尾也从馬各聲

濤案尒疋釋畜釋文引作白色馬黑毛尾也葢古本如此毛當作髦見詩釋文所引樊孫尒疋注今本誤髦爲鬣耳白色馬當从今本作馬白色

驄馬青白雜毛也从馬悤聲

濤案尒疋釋畜釋文引云青黑雜毛馬白作黑又倒馬字於

未以本部通例之馬字當在首又玉篇廣韻皆作青白不作
黑此元朗書傳寫有誤非古本如是也

驃 黃馬發白色一曰白髦尾也从馬票聲
濤案史記衛青傳正義引驃黃馬髮白色一曰髦尾發與髮聲相近以下文騂馬頭有發赤色者例之則作發爲是若作髮便與下白髦尾無別矣一曰下史正義亦奪白字

駓 黃馬白毛也从馬丕聲
濤案六書故引唐本作黃馬白雜毛蓋今本奪雜字釋畜毛傳皆曰黃白雜毛曰駓無雜字便與古訓背戾矣

騽 馬豪骭也从馬習聲

濤案不足釋音釋文云騽說文作驒音簟是唐初本有驒無騽明甚玉篇騽字下云驪馬黃脊又馬豪骭一字兼二義未嘗分析葢騽與驒本非兩字而說文初無騽篆古本當云驒驪馬黃脊一曰馬豪骭也後人添入騽篆又以一訓分裂二處宜以元朗書破其謬

驁駿馬以壬申日死乘馬忌之从馬敖聲

濤案御覽八百九十三獸部引作驐駿馬也以壬申日死乘馬者忌之葢古本如是今本妄刪也者二字耳者字尤不可刪

驥千里馬也孫陽所相者从馬冀聲天水有驥縣

濤案一切經音義卷七引作驥千里馬也孫陽所相者也赤驪也蓋古本有一曰赤驪也五字又元應書云又作⿰馬豈而玉篇廣韻驥下皆列⿰馬豈云上同疑皆出說文是古本尚有⿰馬豈字重文今奪

駿 馬之良材者从馬夋聲

濤案一切經音義卷二引作駿馬之才良者也卷二十一引作駿馬才良者也奪之字卷二十二引駿才良者也蓋古本如是今本良材誤倒又才誤材華嚴經音義上引謂馬之良才也當亦傳寫誤倒謂字乃慧苑所足

驍 良馬也从馬堯聲

駫馬盛肥也从馬光聲詩曰四牡駫駫

濤案詩駉釋文云駉古熒反說文作驍又作駫同是古本說文駫爲驍之重文驍字下當引詩驍驍牡馬駫字下無偁詩今本乃二徐妄改毛傳云駉駉良馬腹幹肥張也正與許解相合古本當作驍良馬肥盛據廣韻正也今乃以良馬盛肥分注於二字之下誤矣又本部駉牧馬苑也从馬冋聲詩曰在駉之野是許君所見毛詩本駉字作驍坰字作駉冋即坰之正字以其在林外遠野故字从冋以其爲牧馬之苑故字从馬魯頌之以駉名篇乃以駉野而名非以駉馬而名也故下文云薄言駉者有驈有皇云云亦言驈皇驪黃諸馬牧苑中

有之耳鄭於在坰之野箋云必牧於坰野者避民居與良田於薄言駉者箋云坰之牧地水草既美牧人又良云云是明以駉爲牧苑盖康成所據毛詩本與叔重同今毛傳乃云牧之坰野則駉駉然與許鄭不同者當是王子雍輩妄爲改竄以難鄭耳余謂欲求毛詩眞本當於說文中求之

又案毛傳坰字當爲駉字之誤駉駉當是驍驍之誤則與許書便合臧茂才琳疑爲李陽冰改錢少詹又謂許君兼收二文皆據今之誤本毛傳而轉疑不誤之許書也

又案文選赭白馬賦注一切經音義卷十三皆引驍良馬也與今本同當是二書節引非古本如是

驕馬高六尺爲驕从馬喬聲詩曰我馬維驕一曰野馬

騋馬七尺爲騋八尺爲龍从馬來聲詩曰騋牝驪牡

濤案御覽八百九十三馬部引曰高六尺曰驕七尺曰騋八尺曰龍爲字作曰葢古本如是其節去兩馬字則古書節引之例非今本有衍字也

馼馬赤鬣縞身目若黃金名曰媽吉皇之乘周文王時犬戎獻之从馬从文文亦聲春秋傳曰媽馬百駟畫馬也西伯獻紂以全其身

濤案漢書王莽傳注引晉灼曰許慎說文文馬縞身金精周成王時犬戎獻之是古本目若黃金四字作金精二字文王

作成王其他與今本不同者則古人節引之例不得以此疑後人妄竄也文馬當作駁馬漢書注因傳文文馬字而誤耳

驤 馬之低仰也从馬襄聲

濤案後漢班固傳注引驤舉也葢古本一曰以下之奪文

騑 驂旁馬从馬非聲

濤案文選曹植洛神賦注引曰騑驂駕也又北征賦注陸機贈弟士龍詩注左氏桓三年傳正義引曰騑驂旁馬也與今本同則洛神賦注駕字乃旁馬二字之誤禮記檀弓正義引無驂字亦是傳寫誤奪

駢 駕二馬也从馬并聲

濤案文選張景陽七命注引云餅並也疑古本尚有一曰並也四字今奪廣韻一先餅并駕二馬或古本作並駕二馬也今本奪並字選注則有所節取耳

驂 駕三馬也从馬參聲

濤案一切經音義卷五引駕三馬也下有居右而驂乘備非常也九字又卷七卷八引有旁馬曰驂居右爲驂乘者備非常也十四字當是庾崇儼說文注中語卷七三馬作四馬葢傳寫之誤又龍龕手鑑亦引右者曰驂也五字

駙 副馬也从馬付聲一曰近也一曰疾也

濤案後漢書鄧禹傳注引曰駙馬副馬也又初學記儲宮部

引云駙馬字从馬付聲一曰駙近也疾也二書合證古本駙字下當有馬字【許書連篆文讀淺人不知此義故刪去馬字】近也上當有駙字

駾馬行疾來皃从馬兌聲詩曰昆夷駾矣

濤案詩緜正義引作馬行疾皃是古本無來字今本誤衍

馴馬順也从馬川聲

濤案一切經音義卷七引謂養鳥獸使服習謂之馴卷二十又引謂養野鳥獸使服謂之馴此亦是注中語乃馴字引伸之義文選鸚鵡賦注引訓順也乃節取非完文

騷擾也一曰摩馬从馬蚤聲

濤案一切經音義卷十二引曰騷擾也又摩馬也亦大疾也

是古本一曰摩馬下有也字又有一曰大疾也五字今奪又卷五引騷擾謂擾動也下四字乃注中語

駔 牡馬也从馬且聲一曰馬蹲駔也

濤案六書故引唐本說文曰奘馬也文選魏都賦注廣絶交論注皆引作壯馬也（赭白馬賦注引駔壯也蓋傳寫奪馬字）則今本牡字乃奘字之誤蓋奘省壯壯又誤爲牡耳不足釋言奘駔也注云今江東呼爲大駔駔猶麤也則駔當訓壯馬不當訓牡馬又案後漢書郭太傳注引駔會也御覽八百二十八資產部引儈駔馬也本書無儈字儈即會字之别此引當作駔馬會也傳寫者從俗作儈又誤倒其文耳蓋古本作一曰駔馬會也今

本馬蹲駔三字義不可通乃傳寫之誤史記貨殖傳集解引徐廣曰駔馬儈也當本許書爲說淮南氾論訓段干木晉國之大駔御覽八百二十資産部引許注曰駔市儈與此不同者葢駔本訓馬會故字从馬而引伸之則凡市會皆謂之駔猶駔本奘馬之稱而凡奘大者皆訓爲駔後漢書注引無馬字葢取合會度市之義古人引書之例每如此非章懷所見本不同也

騰 傳也从馬朕聲一曰騰犗馬也

濤案一切經音義卷十二引云騰傳也騰亦乘也卷十八又引云騰傳也謂傳遞郵驛騰乘也謂傳遞五字當是庾氏注

中語然元應兩引均有騰乘也之訓是唐初本有騰亦乘也四字在傳也之下卷十八引奪亦字耳今本鉠誤殊甚廣韻引說文一日下無騰字

駃 駃騠馬父贏子也从馬夬聲

濤案初學記二十九獸部引贏子作驢子蓋古本作驢不作贏然初學記子字亦誤此文當作馬父驢母也蓋驢父馬母爲贏見本部注馬父驢母爲駃騠故孟康謂生七日而超其母許書篆字連注讀注中駃字亦衍史記匈奴傳索隱引亦作贏子當是後人據二徐本改

驢 似馬長耳从馬盧聲

濤案御覽九百一獸部引似馬長耳也初學記二十九獸部引似馬而耳長長耳耳長義得兩通古本當有而字

驒

驒騱野馬也从馬單聲一曰青驪白鱗文如鼉魚

濤案詩魯頌尒疋釋嘼釋文兩引曰馬文如鼉魚也無青驪白鱗四字詩魯頌釋文有青驪鱗曰驒五字乃在引說文之上此陸氏用尒疋毛傳語非出說文也史記匈奴傳索隱驒奚下引說文野馬屬徐廣巨虛之類一云青驪驒文如鼉所云一云者乃引徐野民語非引說文也是古本無一曰青驪白鱗六字又御覽九百十三獸部引曰驒騱野馬屬與史記索隱同是古本也字作屬今本亦誤廣韻引說文驒騱野馬

也乃後人據今本改

騊　騊駼北野之良馬从馬匋聲

濤案御覽八百九十三獸部引曰騊駼北野之良馬也是古本有也字文九百八獸部引曰騊駼野馬之良也兩引不同疑傳寫有舛誤

補　驏

濤案埶文類聚九十三獸部引說文曰驏馬臥土中也玉篇云馬轉臥土中是古本有驏篆經後人譌奪其訓當如玉篇葢顧氏據許說也今本埶文奪轉字耳廣韻三十三線驏馬上浴乃別一義桂大令馥曰當作馬土浴

補駂

濤案不足釋當釋文云駂說文云黑馬驪白雜毛是元朗所據本有駂篆今奪詩大叔于田乘乘駂傳云驪馬雜毛曰駂釋文云依字作駂

補駣

濤案御覽八百九十三獸部引馬三歲曰駣是古本有駣篆篇韻並云駣馬四歲也則三乃四字之誤

廌部

廌解廌獸也似山牛一角古者決訟令觸不直象形从豸省

凡廌之屬皆从廌

濤案玉篇云解廌獸似牛而一角古者決訟令觸不直者見

說文是古本無山字牛下有而字直下有者字今本奪誤御

覽八百九十獸部引亦無山字令作命開元占經獸占作似

羊一角令亦作命

薦獸之所食艸从廌从艸古者神人以廌遺黃帝帝曰何食

何處曰食薦夏處水澤冬處松柏

濤案御覽八百九十獸部引黃帝時有遺帝獬廌者帝問何

食何處曰食薦春夏處水澤秋冬處竹箭松筠蓋古本如是

今本奪春秋竹箭四字筠字當依今本作栢

鹿部

𪊨鹿麛也从鹿耎聲讀若偄弱之偄

濤案文選吳都賦注引𪊨麛也是古本無鹿字𪊨爲鹿子言麛即不必更言鹿矣麢即麌之別體

麉鹿之絕有力者从鹿幵聲

濤案御覽九百六獸部引作鹿之絕有力也疑古本作鹿之絕有力者也今本奪也字御覽所引又奪者字

麒仁獸也麋身牛尾一角从鹿其聲

麐牝麒也从鹿吝聲

濤案初學記二十九獸部引麒麟仁獸麋身尾肉角御覽獸部同麐誤作馬一切經音義卷二卷四引麕身牛尾一角角頭有肉

開元占經一百十六獸占引麟仁獸也麇身牛尾狼蹄一角角端有肉王者至仁則出一切經音義卷二十二引麟麕身牛尾一角角頭有肉不履生蟲不折生草音中鍾呂行中規矩不入陷穽文章彬彬然亦靈獸也葢古本如是今本乃二徐妄節其文耳狼蹄當作狼題張揖上林賦注曰雄曰麒雌曰麟其狀麇身牛尾狼題當本許書御覽八百八十九獸部引何法盛晉中興徵祥說曰麟麐身牛尾狼頭一角則知作蹄者誤段先生曰經典麟麒無作麐者惟尒疋从吝而亦云本亦作麟許書別麟麐爲二又別麒麟之牡牝未知許古本固如此不玉篇廣韻皆麟麐爲一字許書葢本無麐字淺人

所增今於麒篆下補麒麟二字於仁獸之上而刪麐篆幷解
說則於古經傳及尔疋皆無不合濤案經典用假借字許書
本字往往不能盡合用尔疋既作麐字正許君所本不得謂
許書本無麐字粦吝聲相近近易以往各說文作遴故麐或
假借作麟文選東京賦解罘放麟薛綜注云麟大鹿也與許
解大牝鹿之訓合是大鹿之字作麟仁獸之字作麐不得混
而爲一張揖雄麒雌麟之說與許君麟爲牝麒之解合御覽
引晉中興徵祥說亦云牡曰麒牝曰麟不得謂麒麐無牝牡
之分惟經典皆單呼麟無單呼麒者仁獸之訓宜在麐字注
古本當作麒牡麐也麐麒麐仁獸也麇身牛尾云云則與經

傳不足皆合而與初學記開元占經一切經音義所引此書

亦無不合矣

麋鹿屬从鹿米聲麋冬至解其角

濤案一切經音義卷十一引麋鹿屬也以冬至時而解其角也蓋古本如是以麐字注以夏至解角例之知今本麋字爲以字之譌御覽九百六獸部引麋鹿屬也冬至解角冬上亦無麋字

又案元應書凡七引字句微異卷四引作鹿屬也冬至解角者也卷八節引鹿屬也三字卷九引作麋冬至解角也卷十三卷十七所引有者字而無時而兩字卷十三又一引云以

冬至解角者也說文鹿屬也當是以冬至七字誤倒於說文

鹿屬也之上古本當如卷十一所引尙尊者字

麂大麋也狗足从鹿旨聲麂或从几

濤案一切經音義卷十三引作麂似麞而大獶毛狗足也葢古本如是尒疋釋獸麂大麢旄毛狗足郭注旄毛者獶毛也郭即用說文以注尒疋本書獶訓犬惡毛此獸似犬故許以獶毛狗足狀之今本脫獶毛二字於義不備又以尒疋大麢改似麞因譌麢爲麋誤矣山海經注曰麂似獐而大獶毛狗腳景純正用許語

麠大鹿也牛尾一角从鹿畺聲麖或从京

濤案初學記獸部引說文麠或作麂或作麖以麖爲麠之重文恐是傳寫有誤非古本如此

麈 麋屬从鹿主聲

濤案御覽九百六獸部引麈鹿屬也大而一角蓋古本如是麋亦鹿屬不應別出麋屬本部麐麋玉篇亦作鹿屬則知今本麋字乃傳寫之誤六書故引唐本曰大力一角力乃而字之誤

又案一切經音義卷十一麈麈引說文下又作麕牝鹿也以麈麕爲一物孫觀察星衍曰混麈於麕當有誤是也

麝 如小麋臍有香从鹿射聲

濤案御覽九百八十一香部引射聲下有黑色麞也四字當

是庾氏注中語

麗旅行也鹿之性見食急則必旅行从鹿丽聲禮麗皮納聘

蓋鹿皮也丽古文祘籀文麗字

濤案玉篇祘丽並古文丽篆文然五經文字及汗簡皆以丽

為古文本書丽字亦當作丽麗从古文得字不應不見此字

也玉篇蓋祘丽二字傳寫誤易今本籀文亦當从玉篇作篆

文

又案五經文字云从鹿省當亦古本如是今本篆體微誤

麀牝鹿也从鹿从牝省麀或从幽聲

濤案一切經音義卷九引說文麀古文麠同是古本麠乃麀之古文非或體也

麤部

麤行超遠也从三鹿凡麤之屬皆从麤

濤案公羊隱元年傳釋文引作大也是古本有一曰大也四字玉篇亦云麤也

兔部

冤屈也从兔从冂兔在冂下不得走益屈折也

濤案益屈折九經字樣作善屈折葢古本如是一切經音義十九云冤煩也屈也字从冂从兔兔爲冂覆不得走善曲折

也雖不明引說文而寔本說文則古本不作盆兔爲冂覆與

兔在冂下義得兩通

犬部

犬狗之有縣蹏者也象形孔子曰視犬之字如畫狗也凡狗

之屬皆从犬

濤案尓疋釋獸釋文引作狗縣蹏者葢陸氏節引非完文

狡少狗也从犬交聲匈奴地有狡犬巨口而黑身

濤案廣韻三十一巧引無而字御覽九百四獸部引又無地

字此兩書各有奪字非古本如是也初學記獸部引作狡犬

多毛也乃傳寫之誤

獫 長喙犬一曰黑犬黃頭从犬僉聲

濤案初學記二十九獸部引黃頭作黃頤御覽九百四獸部引仍作黃頭以下文狂黃犬黑頭例之則作頭者初學記葢傳寫之誤

狊 犬視皃从犬目

濤案廣韻二十三錫引云犬視皃亦獸名猨屬脣厚而碧色葢古本有一曰獸名云云一切經音義卷十三引作犬視也疑古本作犬視皃也今本奪也字元應書又奪皃字耳

默 犬暫逐人也从犬黑聲讀若墨

濤案六書故引說文曰犬潛逐人也是今本暫字乃潛字之

誤默有潛義故假借爲靜默之默此與下猝字注犬从艸暴出逐人正相對以其暴出故假借爲凡猝乍之稱若作暫字則與猝乍義無別矣廣韻二十五德引同今本乃後人所改又案狙字注一曰犬暫齧人者狙騤一聲之轉史漢張良傳狙擊秦皇帝狙擊猶言騤擊此即假借暫齧之義應劭徐廣訓狙爲伺非也

猥 犬吠聲从犬畏聲

濤案龍龕手鑑引作衆犬吠也蓋古本如是

⿰犭斤 犬吠聲从犬斤聲

濤案初學記獸部引⿰犭斤壯犬也與今本異疑古本一曰以下

之奪文

獷 犬獷獷不可附也从犬廣聲漁陽有獷平縣

濤案一切經音義卷二引作犬不可附也無獷獷二字文選吳都賦注引犬獷不可附也以上文猲字注犬猲猲不附人也例之則有獷獷二字者是前漢書敘傳獷獷亡秦師古曰獷麤惡之皃即此獷獷之義元應書葢節引之例選注則正奪一字

又案文選劇秦美新注引獷犬不可親附也所引多親字葢古本有之今說文及諸書所引皆奪又辨命論注引作不可附也則有所節取而又奪犬字

獒 犬如人心可使者从犬敖聲春秋傳曰公嗾夫獒

濤案左傳宣二年及尒疋釋嘼釋文兩引此書皆作犬知人心可使者是古本作知不作如惟其知人心是以可使足見許氏立文之精後人轉寫誤如雖亦可通終涉迂曲御覽九百四獸引亦作如葢後人據今本所改初學記獸部引作犬人心可使也不可通有奪字

狃 犬性驕也从犬丑聲

濤案左氏桓十三年傳釋文引狃狎也葢古本一曰以下之奪文

獜 健也从犬粦聲詩曰盧獜獜

濤案廣韻十七眞獜下云獜獜犬健也出說文然則古本如是今本奪獜犬二字玉篇亦作獜獜聲也可證古作獜獜不單作獜字

獧疾跳也一曰急也从犬瞏聲

濤案文選射雉賦注引曰狷急也所引卽獧字訓狷乃獧字之別體孟子狂獧字作狷可證非崇賢所據本別有狷篆也大徐增入新附妄甚

狟犬行也从犬亘聲周書曰尙狟狟

濤案廣韻二十六桓狟大犬也周書曰尙狟狟是廣韻所據本作大犬也此條雖未云出說文然連引周書尙狟狟可證

所載皆許氏語

犮走犬皃从犬而丿之曳其足則刺犮也

濤案九經字樣作犬走皃蓋古本如是今本二字誤倒當乙

正玉篇亦云犬走皃

戾曲也从犬出戶下戾者身曲戾也

濤案廣韻十二霽戾引身曲戾作身戾曲當是古本如此今

倒二字

獨犬相得而鬭也从犬蜀聲羊爲羣犬爲獨也一曰北嚻山

有獨浴獸如虎白身豕鬣尾如馬

濤案此條北嚻山以下後人以山海經竄改字句古本不如

是廣韻一屋獨說文曰犬相得而鬥也羊爲羣犬爲獨一曰獨狢獸名如虎白身豕鬣馬尾出北嚻山可證六朝本不誤今本犬爲獨下衍也字其餘句法前後異同雖非大節目然許書之眞面目不容易也玉篇云犬相得而鬥也故羊爲羣犬爲獨也又獨狢獸名出山海經此顧氏據說文而自以意刪節其云出山海經者謂許書一曰以下之訓本諸山海經也淺人不知乃妄以山海經改說文矣

獮秋田也从犬璽聲⿰豕⿱示璽獮或从豕宗廟之田也故从豕示

濤案左傳隱五年釋文云獮說文作獮殺也尔疋釋詁釋文云獮說文或作獮釋天釋文獮說文从薾或作禰从示同爲

元朗所據之本何以不同若是葢古本作𤢂不作𤢂訓解當云殺也秋田爲𤢂不足釋詁𤢂殺也正許君所本周禮大司馬注國語周語注文選西京賦薛綜注皆云獮殺也亦與許合惟獮之从爾經典所無他書亦所罕見疑釋天釋文爾字乃傳寫之誤當爲說文从璽或作禰从示今本誤奪禰篆耳璽爲璽之正字釋詁釋文或字亦屬誤衍

獘頓仆也从犬敝聲春秋傳曰與犬犬獘斃獘或从死濤案廣韻十三祭一切經音義卷十三所引皆同今本惟音義卷四引仆也頓也卷二十引仆也頓也字句少異而義皆可通

類種類相似唯犬爲甚从犬頪聲
濤案廣韻六至引無聲字葢古本如此段先生謂當作頪亦
聲是也

狄赤狄本犬種狄之爲言淫辟也从犬亦省聲
濤案此字說解今本多誤奪合諸書同證可見史記匈奴列
傳索隱引赤狄本犬戎種故多从犬史記周本紀正義漢書
注匈奴傳引赤狄本犬種也故字从犬初學記獸部引狄赤
犬也御覽七百九十九四夷部引狄犬種字从犬狄之言淫
辟也九百四獸部引狄亦犬也通典卷一百九十四引狄本
犬種故从犬若依御覽則諸書所引脫亦犬也三字而初學

記赤字爲亦字之誤依索隱則諸書犬種皆犬戎種之誤依
漢書注則犬種下尙有也字古本當作狄亦犬也赤狄本犬
戎種也故字从犬狄之爲言淫辟也从犬亦省聲方爲完具
段先生據篇韻改作北狄也亦恐非許氏本恉

玃 母猴也从犬矍聲尒疋云玃父善顧攫持人也
濤案尒疋釋獸釋文廣韻十八藥一切經音義各卷皆引作
大母猴也是古本有大字音義卷五卷十引大母猴也下有
善攫持人好顧盼也八字卷四卷九作善顧盼攫持人也卷
十六引大母猴之下善攫持人之上尙有似獮猴而犬色蒼
黑八字是古本矍聲下有此數語今本譌奪遂將攫持人也

四字衍於尓疋文之後誤甚尓疋釋獸注云似獮猴而大色
蒼黑能攫持人善顧盼景純正用許君此解語

猶 玃屬似从犬酋聲一曰隴西謂犬子爲猷

壽案史記呂后紀索隱引猶獸名多疑禮記曲禮正義引猶
獸名玃屬一切經音義卷六卷九卷十八卷二十二凡四引
作隴西謂犬子曰猶猶性多疑預在人前故凡不決者皆謂
之猶豫也（卷九無疑字卷六卷十八曰字作爲而無疑字也字卷二十二曰亦作爲而無凡字也字）蓋古
本猶下多獸名二字孔沖遠言此獸進退多疑顏師古亦云
此獸性多疑慮疑古本玃屬下尚有性多疑三字至元應所
引猶性多疑云云當是說文注中語非許氏本文

又案止觀輔行傳宏決弟四之四引隴西作隴右玃上有亦字義得兩通

又案廣韻十八尤引此於猷字注下又出猶字云上同是古本說文此字作猷不作猶然猶猷皆經典習用字猶葢猷之重文今本爲淺人所刪改而注中尙作猷則改之未盡也

㲉犬屬腰已上黃腰已下黑食母猴从犬㱿聲讀若構或曰㲉似牂羊出蜀北囂山中犬首而馬尾

濤案文選南都賦注初學記二十九獸部御覽九百十三獸部引犬屬皆作類犬葢古本如是㲉類犬而非犬屬猶下文言狼之似犬狛之似狼耳廣韻一屋引同今本乃後人所改

狼似犬銳頭白頰高前廣後从犬良聲

濤案廣韻十一唐及御覽九百九獸部皆引作銳頭而白頰而字古本有之今奪文選班固西都賦注引無而字與今本同葢後人據今本說文改之

狐祅獸也鬼所乘之有三德其色中和小前大後死則丘首从犬瓜聲

濤案尔疋釋獸釋文一切經音義卷八卷十二引乘下無之字音義卷八類聚九十五獸部引獸下無也字御覽九百九獸部初學記二十九獸部類聚獸部引乘之作乘也葢古本作狐祅獸鬼所乘也今本以也字屬於獸下遂於乘下妄改

之字語乃不詞邱首御覽初學記一切經音義卷九卷十二廣韻十一模皆作首邱御覽又有謂之三德四字白帖九十七引邱首上有正字亦有謂之三德四字皆古本如此則一切經音義作必亦較今本義優廣韻十一模引大後作豐後義得兩通

獺如小狗也水居食魚从犬賴聲

濤案御覽九百十二獸部引曰獺如小狗水居食魚猵屬也據此則下猵云獺屬與獺互訓今本奪去小狗下也字今本衍一切經音義卷十四卷十五兩引說文形如小犬水居食魚者也卷十六引無者字小犬下亦無也字惟如字上多形

字食魚下多者也二字據此二書合訂古本當作形如小狗犬字元應書誤也水居食魚者獱屬也

㹜部

㹜确也从㹜从言二犬所以守也

濤案御覽六百四十三刑法部引獄謂之牢蓋古本一曰以下之奪文

鼠部

鼢地行鼠伯勞所作也一曰偃鼠从鼠分聲蚡或从虫分

濤案爾疋釋獸釋文引作也中行鼠伯勞所化也蓋古本加是今本奪中又誤化爲作初學記二十九獸部引鼢鼠伯勞

之所化也御覽九百十一獸部引鼢鼠土行伯勞之所化也
是古本皆作化郭注尔疋云地中行者正本此書
𪕉 𪕉令鼠从鼠平聲
濤案御覽九百十一獸部引𪕉鼠令鼠也則今本注中𪕉字
乃𪕉鼠合鼠者也注中𪕉字亦作鼠
鼫 五技鼠也能飛不能過屋能緣不能窮木能游不能渡谷
能穴不能掩身能走不能先人从鼠石聲
濤案尔疋釋獸釋文云案蔡伯喈勸學篇云五技者能飛不
能上屋能緣不能窮木能泅不能渡瀆能走不能絕人能藏
不能覆身是也許氏說文亦云然據此則與今本不同矣然

藝文類聚九十五獸部所引亦同今本是陸氏所云亦云然者謂其說之畧相似非謂其字句之盡同也惟過屋類聚亦作上屋則今本作過者誤

又案毛詩艸木蟲魚疏引云鼫鼠五技鼠通是古本鼫下有鼠字

又案詩碩鼠正義引許愼云碩鼠五技能飛不能上屋能游不能渡谷能緣不能窮木能走不能先人能穴不能覆身此謂之五技是古本尚有末句今奪其碩鼠下五句中字句亦與今本小異

又案樓攻媿跋任季路所藏東坡嘯軒詩引此解云云唐本

又曰六技鼠也下又有云能歌不能成曲成曲一作度曲所云唐本當即晁以道所見之本然荀子大戴禮皆作五技陸孔所引許書無作六技者恐未可信

鼨 豹文鼠也从鼠冬聲𪕒籒文省

濤案尒疋釋獸釋文御覽九百十一獸部一切經音義卷一所引皆同今本惟唐書盧若虛傳云此許慎所謂鼨鼠豹文而形小疑盧所見古本如是今本鼠字誤在豹文下並奪而形小三字

鼷 小鼠也从鼠奚聲

濤案一切經音義卷十二引有口有毒者也五字蓋古本如

此尔疋郭注云有毒螫者卽本許書元應書卷二十引口作言卷四有奪此字皆傳寫之誤

鼩 精鼩鼠也从鼠句聲

濤案御覽九百十一獸部引作鼩精鼩胡地風鼠也胡地風鼠乃下文䶉字之訓然玉篇䶉字但云鼠屬而御覽所引如此疑古本胡地風三字在精鼩之下因鼩䶉字形相近後人誤竄於彼耳

⿰鼠穴 鼠屬从鼠穴聲

濤案御覽九百十三獸部引狖鼠屬善旋是古本有善旋二字今奪狖卽鼫字之別

鼲 鼠出丁零胡皮可作裘从鼠軍聲

濤案御覽九百十二獸部引作獋鼠出丁令胡以作裘皮可二字作以語頗不詞乃傳寫之誤非古本如此獋即鼲字之別

䶂 斬䶂鼠黑身白署若帶手有長白毛似握板之狀類蝯蜼之屬从鼠胡聲

濤案史記司馬相如傳索隱獑胡黑身白署若帶手有長白毛似握板即握板傳寫之誤獑胡斬䶂古今字

熊部

熊 獸似豕山居冬蟄从能炎省聲凡熊之屬皆从熊

濤案一切經音義卷二卷二十四引冬蟄下有其掌似人掌名曰蹯八字蓋古本如是今奪又元應兩引皆奪獸字當是傳寫之誤

羆 如熊黃白文从熊罷省聲 𦡀 古文从皮

濤案汗簡卷上之一羆見說文熊當爲罷字傳寫之誤郭氏書古文皮字皆从廾从廿此字亦从古文皮今本奪去廿頭則从古文皮省矣皮部古文皮字作𠩄當是𠩄傳寫之誤

火部

火 燬也南方之行炎而上象形凡火之屬皆从火

濤案五行大義釋五行名引許愼曰火者炎上也其字炎而

上象形者也此蕭氏隱括節引非古本如是

烜 火也从火尾聲詩曰王室如烜

燬 火也从火毀聲春秋傳曰衛侯燬

濤案九經字樣云烜音毀火也詩曰王室如烜今經典相承作燬是烜燬本一字古本說文有烜無燬矣詩周南釋文曰燬音毀齊人謂火曰燬郭璞又音貨字書作烜音毀說文同一音火尾反尒疋釋言曰燬火也注云詩曰王室如燬燬齊人語方言曰煤火也楚轉語也猶齊言烜火也楊雄言齊言烜郭璞言齊曰燬足徵烜燬爲一字

又案玉篇火烜也當本許書是古本說文作烜不作燬廣韻

三十四果引同今本乃淺人據二徐本改

又案一切經音義卷二十二瑜伽地論燬之云又作⿰火尾⿰火鬼二形同玉篇⿰火尾字下亦云⿰火鬼燬同上是唐人皆以⿰火尾燬爲一字

汪生獻玗曰竊意古本說文列燬爲⿰火尾之重文而春秋傳故書⿰火尾作燬因並引之以證或从毀之恉當云⿰火尾或从毀春秋傳曰衛侯燬二徐不明此義遂妄有增改耳

尞 柴祭天也从大从昚昚古文慎字祭天所以慎也

濤案詩旱麓釋文云所燎說文作尞一云祡祭天也又云燎放火也是元朗所據本柴作祡又有一曰放火也五字而本部別無燎篆今本別出燎字訓放火也乃淺人妄爲增字移

訓當刪

燔 爇也从火番聲

濤案一切經音義卷十三引云燔燒也加火曰燔蓋古本不作爇玉篇亦云燔燒也當本許書加火曰燔四字或許書原本有之或庾崇儼注中語

烈 火猛也从火列聲

濤案一切經音義卷二十二引烈猛盛也乃衍盛字奪火字他卷所引皆與今本同可證

煦 烝也一曰赤皃一曰温潤也从火昫聲

濤案廣韻十遇昫引說文曰出温也北地有昫衍縣下連列

煦字注云上同然則陸法言所據本昫爲日部昫之重文不
厠於火部矣玉篇日部昫注云亦煦同火部煦注云亦作昫
葢昫煦本一字許書並不分別部居六朝本皆如此故顧陸
所據同也後人不明古義妄相區別以昫爲日溫煦爲火蒸
相沿既久遂竄易許書之舊其誤正不容不辨

熯乾皃从火漢省聲詩曰我孔熯矣

濤案初學記二十五器物部引熯蒸火也葢古本如此日部
暵乾也是从日者訓乾从火者訓蒸火今本乃涉日部而誤
耳論衡感虛篇熯一炬火爨一鑊水即蒸火之意今人猶言
以火蒸物曰熯

又案易說卦燥萬物者莫熯乎火說文引作暵蓋許君偁易
孟氏古文字多假借孟易蓋假暵爲熯非謂暵熯同字也

熮火皃从火翏聲逸周書曰味辛而不熮

濤案九經字樣引無逸字蓋古本無之嚴孝廉曰漢魏人但
稱周書不云逸周書緣校者於尙書改用唐虞夏商周之名
而周書與周書無别因復加逸於周書之上亦有未盡加者
如莒下豲下引周書尙不云逸也

爚火飛也从火龠聲一曰藝也

濤案文選景福殿賦琴賦注一切經音義卷八卷九卷十一
皆引作火光也蓋古本如是今本乃涉下熛字訓而誤耳初

學記二十五器物部引熲爚火光也是熲爚二字皆訓火光
唐本無不如是者
熛火飛也从火票聲讀若摽
濤案初學記二十五器物部文選甘泉賦風賦班孟堅答賓
戲陳孔璋爲袁紹檄豫州注一切經音義卷十四所引皆同
今本惟音義卷二十二引作飛火也乃傳寫誤倒非古本如
是
灵小爇也从火干聲詩曰憂心灵灵
濤案詩節南山憂心如惔釋文正義皆云說文作灵小熱也
乃傳寫之誤非古本如此今詩作惔傳訓爲燔則與小爇義

近玉篇廣韻皆云小爇亦傳寫之誤又釋文正義不云如惔作炎炎則今本作炎炎者誤也

炭燒木餘也从火岸省聲

濤案御覽八百七十一火部引作燒木也葢古本如是小徐本作燒木未灰也未灰二字淺人妄增訓燒木於義已瞭加未灰則淺甚易餘字更疏舛矣玉篇亦云燒木也可證

灰死火餘㶳也从火从又又手也火既滅可以執持

濤案九經字樣廣韻十五灰皆引灰死火也無餘㶳二字葢古本如是死火爲灰見釋名釋天劉氏正本許君說死火謂火之既滅不得再有餘㶳本部㶳火之餘木也據一切經音義引說見下

表字與灰不同玉篇亦云灰死火也

熄 畜火也从火息聲亦曰滅火

濤案易革卦釋文相息云說文作熄蓋古本尚有易曰水火

相熄六字今奪

烪 炮肉以微火溫肉也从火衣聲

濤案廣韻二十四痕引作炮炙也以微火溫肉玉篇同蓋古

本如是今本肉字乃炙字傳寫之誤

焳 灼也从火雀聲

濤案一切經音義卷五云轉爟經文从火作爟說文云爟灼

也是古本此字从雚不从雀

爤 孰也从火蘭聲燗或从閒

濤案詩節南山生民正義皆引爛火熟也是古本有火字今奪

爢 爛也从火靡聲

濤案文選答客難注引靡爛也靡無爛訓蓋是傳本文用省假字而注因之所引即此字之訓也

㷉 从上案下也从𡰥又持火以尉申繒也

濤案一切經音義卷十四引從上案下也所以熨伸繒也蓋古本如是今本傳寫奪所字廣韻入未入物兩引皆有所字又案歐陽詹同州韓城縣西尉廳壁記云說文曰尉畏也亦

慰也主也故字从尸示寸寸者寸量禮度以敬上示者示陳
教令以諭下尸者典職以居位敬上所謂畏諭下所謂慰居
位所謂主合玆三者以莅王爵則任義周是以古之人嘉用
尉字爲官寸者以下非歐陽演說之辭卽庾氏注中語然卽
其所謂畏也慰也云云已與今本大異而从尸示寸字體亦
復不同疑古本別有尉字从尸从示从寸與申繒之尉从𡰥
从火者不同字形相近二徐誤刪其一桂大令疑歐陽誤引
他書非也

灼 炙也从火勺聲

壽案詩節南山正義引灼炙燒也文選琴賦注引灼明也是

孔李所據本與今本異又各不同玉篇云爇也明也廣韻十八藥云燒也炙也爇也然則炙燒明三訓皆有所本古本或作炙也一曰燒也一曰明也孔李各有節取炙也之炙與孔所引炙字皆當作灸七諫注灼灸也可證上文灸灼也正互訓之例

燭 庭燎火燭也从火蜀聲

濤案御覽八百七十一火部藝文類聚八十火部皆引作庭燎火燭也葢古本如是詩庭燎傳庭燎大燭正許君所本今本火字乃傳寫之誤

㶳 火餘也从火聿聲一曰薪也

濤案一切經音義卷二引㶳火之餘木卷九卷二十一引作謂火之餘木也卷十九引燒木之餘曰燼卷二十二二十三二十四引火之餘木曰燼雖所引間有異同而古本不但作火餘可知今本乃二徐妄刪

燓燒田也从火棥棥亦聲

濤案本書無焚字玉篇廣韻有焚字無燓字至集韻類篇乃合焚燓爲一字而一切經音義引作焚燒田也字从火燒林意也凡四見段先生曰份古本作彬解云焚省聲是許書當有焚字唐初本有焚無燓案詩雲漢釋文焚本又作燓是唐初本有焚字汪生獻玗曰焚燓二文古本說文皆有之但未

定何者爲重文耳其說確

燎放火也从火尞聲

濤案一切經音義卷八引作放火也又火田爲燎卷二十三引作放火也火田爲燎也卷二十四又云燎放火也火田爲燎也說文燎燒田也三引不同然均具放火燒田二義疑今本必有奪文然其訓卽在尞篆下首當有一曰二字不當別出此篆說詳尞字

煙火气也从火垔聲烟或从因𡏁古文𪸕籀文从宀

焆焆焆烟皃从火肙聲

濤案藝文類聚八十御覽八百七十一火部引煙火氣也焆

焆然也盖古本作煙火气焆焆然也今本奪焆焆然三字類聚御覽又誤衍也字遂疑焆焆然也爲焆字注之異文非也焆字解云焆焆烟皃與火气焆焆然義正相成二徐妄刪謬矣

燂火熱也从火覃聲

濤案文選七發注引與今本同而元應書卷一引聲類字詁說文三書以燂燖錴鍪燅爲一字云說文又羊占反火爓爓也今說文燅錴同字在炎部與燂分別部居復異其訓又卷九云云亦同而云論文作爓引說文曰火爓爓也則知卷一奪論文作爓四字火爓爓之訓屬爓不屬燂耳

煒 盛赤也从火韋聲詩曰彤管有煒

濤案一切經音義卷一卷十三皆引作盛明皃也卷十八引作盛明皃也亦赤也蓋古本以盛明爲正解赤爲一解今本盛赤二字義不可通

煜 燿也从火昱聲

濤案一切經音義卷四卷五卷八卷十一卷十五所引皆同惟卷九引作光燿也蓋古本多一光字他卷皆節引耳

煌 煌煇也从火皇聲

濤案一切經音義卷十二引煌煇也蓋古本不重煌字今本誤衍

爓 火門也从火閻聲

濤案文選蜀都賦注引作爓火焰也焰卽爓之省又六書故引唐本說文曰火爓爓也一切經音義卷九引亦同葢古本如此選注傳寫奪一焰字火門葢火爓之壞字玉篇亦云火焰也

炫 爓燿也从火玄聲

濤案一切經音義卷三引炫燿也是古本無爓字

熾 盛也从火戠聲 𤍊古文熾

濤案汗簡卷下之一引說文熾字作𤍊與今本篆體微有不同

燥　乾也从火喿聲

濤案一切經音義卷二十二引同卷六乾下有之字乃傳寫
誤衍非古本如是

烕　滅也从火戌火死於戌陽氣至戌而盡詩曰赫赫宗周褒
姒烕之

濤案詩正月釋文引从火戌聲是古本有聲字凡字有具六
書之二者此會意兼形聲字二徐不知此理遂刪去聲字誤
矣

烽　燧候表也邊有警則舉火从火逢聲

濤案文選張景陽襍詩注引無火字乃傳寫仍奪非古本如

是

熙 燥也从火巸聲

濤案華嚴經音義下引熙悅也葢古本有一曰悅也四字文選潘岳關中詩注引熙興悅也興字疑衍列子釋文引字林熙歡笑也方言云湘潭之間謂喜曰熙怡老子言衆人熙熙皆以熙爲喜悅之義今本删此一訓妄矣

又案一切經音義卷三卷二十五皆引熙怡和說乃傳寫有誤當作熙說怡和怡之訓和見心部熙之訓說與慧苑所引同益見古本有此一解矣

補 爍

濤案文選七發注引云爍亦熱也是李所據唐本有爍篆玉篇式灼切灼爍廣韻十八藥灼爍書藥切今本爲後人奪落大徐不知乃以入新附疏矣

炎部

炎 火光上也从重火凡炎之屬皆从炎

濤案文選班孟堅答賓戲注引炎火也乃傳寫誤奪光上二字非古本如是一切經音義卷二十三廣韻二十四鹽玉篇引同今本可證

燄 火行微燄燄也从炎臽聲

濤案一切經音義卷七引作火微燄燄然也是古本多一然

字玉篇燄火行皃卽所謂燄燄然也

燅於湯中瀹肉从炎从熱省𤎖或从炙

濤案一切經音義卷九引作熱湯中爚肉也葢古本如是今本於字乃熱字傳寫之誤音義卷四引熱湯爚肉也廣韻二十四鹽引湯中爚肉也皆節引非完文

又廣案廣韻燅下有𤎖字云說文同上玉篇亦有錴字云湯瀹肉則是古本重文从炙炙聲不从坴也

粦兵死及牛馬之血爲粦粦鬼火也从炎舛

濤案列子天瑞篇釋文云粦說文作粦又作燐皆鬼火也是古本有重文燐篆今奪

黑部

黑 火所熏之色也从炎上出㓀㓀古窻字凡黑之屬皆从黑

濤案九經字樣云黑說文作㷵象火煙上出也是今本从炎

下脫象火煙三字

黶 中黑也从黑厭聲

濤案一切經音義卷九卷十二引黶面中黑子也蓋古本如

是今本脫面子二字耳漢書高帝紀注師古曰黑子今中國

通呼爲䵴子䵴即黶字之誤中黑二字義不可通玉篇亦云

黶黑子也當本說文元應書卷一卷二十二引同今本乃淺

人據今本改

黬 雖皙而黑也从黑箴聲古人名黬字皙
濤案玉篇引作古人名黬字子皙是古本多一子字今本脫
耳史記仲尼弟子列傳曾蒧字皙奚容箴字子皙蒧箴皆黬
之省曾蒧當亦字子皙史文脫御子字耳曾子皙之稱曾皙
猶冉子求稱冉求廣韻二十六咸亦同今本之誤

䵘 青黑也从黑昜聲
濤案廣韻十陽引作青黑色以黲黝諸字例之葢古本有色
字今奪

黤 青黑也从黑奄聲

黭 果實黭黯黑也从黑弇聲

濤案六書故曰於叙切陰黑也亦作黭徐本說文曰青黑也唐本曰果實黭黮也是戴氏所見大徐本說文黭卽黤之重文與今本分爲二字者不同廣韻四十八感二字皆音烏感切黭訓黭黮則與唐本說文同今本黭黯乃傳寫之誤古本說文當云黤果實黤黮也从黑奄聲黭或从弇又案一切經音義卷十三引同今本則徐本亦不誤蓋唐時本有不同也荀子彊國篇注引黭黑色乃節取非完文

䵖黑皴也从黑幵聲

濤案文選百辟勸進今上牋注引作黑皵也是古本不作皴皴皵許書皆無其字然義皆可通未知孰是

黱畫眉也从黑朕聲

濤案六書故引唐本說文曰或从代是古本有重文字釋名云黛代也滅眉毛去之以此畫代其處也此是从代之義玉篇云黱畫眉黑也黛同上當本說文黱爲畫眉之黑色不得即以畫眉爲黱疑古本說文多一黑字小徐本作墨乃黑字之誤

又案御覽七百十九服用部引同今本下有小注云黱與黛同廣韻十九代云黛眉黛黱上同兩書皆黱黛同列知古本有重文黛字

黮桑葚之黑也从黑甚聲

濤案一切經音義卷六引作桑葚之色黑也卷十三引桑葚之黑色黤䵕不明淨也是古本多一色字下句疑說文注中語

黥墨刑在面也从黑京聲⿰黑刂黥或从刀

濤案易睽卦釋文剠說文或作黥字廣韻十二庚黥字列重文⿰黑刂剠是元朗法言所據本皆尚有剠篆元朗所據並似剠爲正字而黥爲或字葢古本此字在刀部黥爲剠之重文二徐見經典皆作黥字轉以黥爲正字竄入黑部并改剠篆爲⿰黑刂妄矣廣韻重文二字並列當是陳彭年輩據徐本說文增入

說文古本攷第十卷下　　嘉興沈濤纂

囪部

囪在牆曰牖在屋曰囪象形凡囪之屬皆从囪窗或从穴囧古文

濤案御覽百八十八居處部引曰窗穿壁以木為交窗所以見日也向北出牖也在牆曰牖在屋曰窗穿壁上窗字乃牖字之誤此合牖向囪三字說解并引之傳寫誤牖為窗幾疑為囪字注之奪文矣

又案穴部窻通孔也从穴悤聲段先生曰此篆淺人所增古本所無當刪古祇有囪字窗已為或體何更取悤聲作窻字

哉據廣韻四江窻下云說文作窗通孔也則篆體之不當有
心明矣依廣韻宜囱部去窗此窻篆改爲窗然囱窗本一字
宜囱部仍舊而此從刪也云云然五經文字明列窻爲說文
則不得謂古本無此字許書中每有視爲重文而不可刪者
未便遽以臆斷也

炙部

⿰炙番宗廟火孰肉从炙番聲春秋傳曰天子有事⿰炙番焉以饋同
姓諸侯

濤案初學記卷二十六服食部引膰宗廟孰肉也葢古本無
火字今誤衍

爒炙也从炙尞聲讀若鐐燎

濤案一切經音義卷十三引爒火炙之也葢古本如是今本奪火之二字

赤部

赧面慙赤也从赤㞋聲周失天下於赧王

濤案文選曹子建上責躬應詔詩表注引作面慙也乃傳寫奪一赤字非古本如是一切經音義卷二御覽三百六十五人事部引同今本可證

大部

奄覆也大有餘也又欠也从大从申申展也

濤案廣韻引至大有餘也止無又欠也三字竊謂欠字訓於古無證疑古本無此語或欠字有誤玉篇云大也覆也大有餘也息也顧氏語皆本說文亦無欠字義

⿱大此 瞋大也从大此聲

濤案玉篇廣韻十六怪皆作⿱此大皆引作瞋大聲也葢古本大字下尚有聲字今奪古篆當亦作⿱此大

契 大約也从大从㓞易曰後代聖人易之以書契

濤案文選歎逝賦注引契約也無大字葢傳寫偶奪或崇賢節引耳選注如孫楚征西官屬送於陟陽候作詩盧諶贈劉琨詩兩引皆有大字可證一切經音義二十二引亦同今本

夷平也从大从弓東方之人也

濤案廣韻六脂夷字注云說文平也从大弓又曰南蠻从虫北狄从犬西羌从羊唯東夷从大人俗仁而壽有君子不死之國今本南蠻云云在羊部羌字注其語加詳據此則古本南方蠻閩以下一百二十二字在大部夷字注當是二徐誤竄於彼耳

亦部

㚒盜竊褱物也从亦有所持俗謂蔽人俾夾是也弘農陝字从此

濤案玉篇引作亦持也乃傳寫舛奪非古本如是

大部

吳姓也亦郡也一曰吳大言也从夨口𡗞古文如此

濤案詩絲衣不吳不驁釋文云舊如字譁也說文作吳吳大言也何承天云吳字誤當爲吴从口下大故魚之大口者名吳胡化反云云蓋古本有偁詩語今奪

又案汗簡卷中之二引𡗞作𡗞蓋古本重文如此今本爲二徐所妄改

又案史記孝武本紀引詩不虞不驁索隱曰說文作（今本誤作以）吳一曰（今本誤作口）大言也蓋毛詩本作不虞故元朗引說文作吳以別之古虞吳通字泮水不吳不揚衛尉衡方碑作不虞

不陽若如今本毛詩已作不吳矣元朗何得云說文作吳邪

又案詩絲衣傳吳譁也正義云人自娛樂不讙譁爲聲故以娛爲譁也定本誤作吳是孔氏所見本作娛不作吳今作吳者從定本耳泮水箋吳譁也毛鄭同訓爲譁則亦必作娛不作吳娛虞同字皆吳字之假借大言即讙譁毛鄭許義皆同而字不必同也

又案玉篇引姓也下有誤也二字恐是傳寫誤衍非古本有之

尢部

尢 𡯂曲脛也从大象偏曲之形凡尢之屬皆从尢𡯁古文从

㞷
濤案汗簡卷中之二引作𡯂蓋古本篆體如此小徐本之部
㞷字有重文𡯂此篆正从此

壺部

壺昆吾圜器也象形从大象其蓋也凡壺之屬皆从壺
濤案一切經音義卷十四十七引無昆吾二字當是節引非
完文

㚔部

㚔所以驚人也从大从羊一曰大聲也凡㚔之屬皆从㚔一
曰讀若瓠一曰俗語以盜不止爲㚔㚔讀若籋

濤案五經文字云說文从大从𢆉𢆉音干今依石經作幸是古本說文从𢆉不从羊矣𢆉部𢆉撖也从干入一爲干入二爲𢆉是从干从𢆉義皆可通故石經如是作臣鍇音飪是二徐所見本从入二非傳寫之譌

又案五經文字云幸所以犯驚人也當本說文是古本有犯字所以犯句絕干部干犯也此說从干之義

又案此條頗多舛誤祁相國寯藻曰一曰讀若瓠一曰二字衍漢志河東郡狐讘縣集韻作瓡讘史漢侯表作瓡讘狐瓡瓡葢皆幸之譌讘爲多言幸爲大聲義相近而音讀如瓠後人不知幸可讀瓠加以瓜聲故轉譌爲瓡狐耳

睪司視也从横目从幸令吏將目捕罪人也
濤案廣韻二十二昔引無横字蓋古本如是今本乃淺人所
增本書眔蜀等字皆止云从目可證
執捕罪人也从丮从卒卒亦聲
濤案五經文字云執執上說文下經典相承凡執之類皆从
幸是古本从卒之字皆當从卒
盩引擊也从卒攴見血也扶風有盩厔縣
濤案廣韻十八尤盩字注云盩厔縣在京兆府水曲曰盩山
曲曰厔又云引擊也疑盩厔縣以下三語皆本說文葢古本
如此今本譌奪淺人遂將廣韻說文云三字删去其所謂又

云又字正指說文若葢屋縣云非引說文語則又字為無者矣

䈞窮理罪人也从㚔从人从言竹聲[illegible]或省言

濤案廣韻一屋引窮治辠人也葢古本如此今誤作理當緣唐時避諱所改後未更正耳玉篇亦云窮治罪人也

奢部

奢張也从大者聲凡奢之屬皆从奢奓籒文

濤案御覽四百九十三人事部引奢張也反儉為奢从大者言誇大於人也葢古本尚有此十三字今本為二徐妄刪

夰部

𡚁驚也一曰往來也从夰臦周書曰伯𡚁古文臦古文囧字

濤案廣韻三十六養引作往來皃葢古本如是小徐本亦作

皃

夫部

夫丈夫也从大一一以象簪也周制以八寸爲尺十尺爲丈人

長八尺故曰丈夫凡夫之屬皆从夫

濤案御覽三百八十二人事部引作夫从一大象人形也一

象簪形冠而旣簪人二十而冠成人也故成人曰丈夫葢古

本如此本書大字注云天大地大人亦大故大象人形此字

从一从大夫象人形一象簪形正字之會意若如今本但言

一以象簪而不言所以从大之義失其悄矣冠而旣簪當作旣冠而簪此釋所以从一義今本譌奪而又衍周制云云十五字疑是說文注中語玉篇引同今本當是後人據今本改

竝部

替廢一偏下也从竝白聲暜或从曰𣌭或从兟从曰

濤案六書故引唐本說文廢也葢古本如此尔疋釋言詩楚茨召旻傳儀禮少牢饋食禮注皆云替廢也替之爲廢古訓相傳故許君用之今本殊不可通玉篇亦云替廢也

又案段先生謂廢下當奪也字偏下又爲一義濤案一下當奪曰字葢古本作廢也一曰偏下也偏下即陵替之意所謂

陵夷衰微也小徐曰並立而一下也不知所見本有奪字求其故不得而強爲之詞耳

囟部

囟 頭會匘蓋也象形凡囟之屬皆从囟𦞤或从肉宰𠙹古文字

濤案一切經音義卷四引作頭會匘蓋額空卷十二引作頭會匘蓋也額空也是古本匘蓋下有額空二字又玉篇引頭會上有象人二字合二書訂之古本當作象人額會匘蓋額空之形

又案禮內則正義云夾囟曰角者囟是首腦之上縫故說文

云囟其字象小兒腦不合也沖遠所引不但今本所無與元應所稱歧異當由所據本各有不同也

巤毛巤也象髮在囟上及毛髮巤巤之形此與籀文子字同

濤案玉篇引云毛巤也象髮在囟上及毛巤之形也亦作鬣是顧氏所見本巤鬣爲一字鬣爲巤之重文今本髟部別出鬣段先生曰爲增竄無疑毛髮鬣鬣乃釋毛巤之義賦家言旌旗獵獵卽巤巤之假借巤巤乃毛髮顫動之皃玉篇傳寫奪髮巤二字非古本如此形下今本奪也字

又案廣韻二十九葉鬣獵二字注引說文與今本髟部同又別出巤字云本也亦鼠毛不云出說文或疑許書有鬣無巤

者廣韻爲宋人所增益其中率與二徐本相同不必屬可據
而篇韻載說文字不用說文訓釋者甚多更不得據以爲疑
也

毗 人臍也从囟囟取气通也从比聲

濤案玉篇引作人臍也从囟从比取其氣所通也廣韻云說
文作膍齎一切經音義卷十八引毗人臍也又卷二十五引
毗臍人臍也是廣韻及元應第二引所據本作毗臍人臍也
古本當如此玉篇及元應第一引無臍字乃傳寫誤奪非所
見本有異也取其气所通六字亦古本如此今脫其字所字
文義不完矣又許書皆言从某某聲或言从某从某從無言

从某聲者據希馮所引則今本聲字衍文此乃會意包形聲字

心部

心 心土藏在身之中象形博士說以爲火藏凡心之屬皆从心

濤案玉篇引但云心火藏也乃節引非完文

情 人之陰气有欲者从心青聲

濤案五行大義論情性引云情人之陰气有欲嗜也嗜乃者字傳寫形近而誤葢古本者下有也字列子說符釋文廣韻十四清引作人之陰气有所欲也義得兩通

性 人之陽气性善者也从心生聲

濤案五行大義論情性引云性人之陽气善者也葢古本無性字陽气善者正以釋性說解中不應有性字葢二徐妄竄上文情字說解亦不出情字證玉篇引同今本疑後人據今本改

忠 敬也从心中聲

濤案孝經疏引盡心曰忠四字葢古本有之今奪

慤 謹也从心㱿聲

濤案後漢書竇融傳注文選東京長門賦注引皆同今本惟舞賦注引慤貞也葢古本一曰以下之奪文

㥦快也从心匧聲

濤案一切經音義卷十二引㥦恐息也葢古本一曰以下之奪文

㥖遲也从心重聲

濤案一切經音義卷二十引㥖遲㥖是古本遲下有㥖字今奪

忼慨也从心亢聲一曰易忼龍有悔

慨忼慨壯士不得志也从心旣聲

濤案文選歸田賦注曹子建贈徐幹詩注一切經音義卷四引忼慨壯士不得志於心也音義無也字洞簫賦注潘安仁馬汧

晉誄注引慷慨壯士不得志於心也陸士衡門有車馬客行注古詩十九首注孔文舉薦禰衡表注引慷慨壯士不得志於心慷卽忼字之別是古本皆有於心二字且在忼字下古本當云忼慨壯士不得志於心也慨忼慨也方合許書之例二徐不知篆文連注讀法輒疑慨壯士云云爲不詞遂移易之如此且刪於心二字妄矣

又案文選北征賦秋興賦思元賦注引慨太息也乃愾字之假借非慨字之一

悃 恒也从心困聲

愊 誠志也从心畐聲

濤案後漢書章帝紀注引悃愊至誠也葢古本如是二徐不知篆文連注之例輙疑愊至誠三字爲不詞遂刪去二字移於愊字之注而又誤至爲恚因倒其文耳其妄與忼慨字等

古本愊字解當云愊悃愊也

憖 問也謹敬也从心猌聲一曰說也一曰甘也春秋傳曰昊天不憖又曰兩君之士皆未憖

濤案問也玉篇引作閒也葢古本如是左傳文十二年釋文引字林云閒也字林率本文甘也玉篇引作且也亦古本如是漢五行志應劭注左傳哀十六年注皆云且也詩十月之交正義引作肯從心也葢傳寫之誤

㦖闊也一曰廣也大也一曰寬也从心从廣廣亦聲

濤案詩泮水釋文云憬說文作㦖音獷云闊也一曰廣大也是古本廣大爲一義廣下無也字廣大也下當有詩曰㦖彼淮夷六字

愃寬嫺心腹皃从心宣聲詩曰赫兮愃兮

濤案列子力命釋文引愃寬閒心腹皃是古本不作嫺愃乃恒字傳寫之誤

𢘝念思也从心褱聲

濤案文選思舊賦注引無思字乃傳寫偶奪非古本如是潘安仁悼亡詩盧子諒贈崔温詩顏延年贈三太常詩注皆引

同今本可證西京賦注又誤作思念

懼恐也从心瞿聲愳古文

濤案莊子天運釋文云說文懼是正字愳古文是古本重文作懼不作愳矣汗簡卷中之二愳字不云見說文可見古本不如是

㤅惠也从心旡聲𢟪古文

濤案六書故㤅又作愛唐本說文曰从心从旡从夊晁說之曰古文無从夊者是古本㤅有重文作愛矣今本愛字別在夊部云行也愛之訓行傳注無徵疑二徐刪此重文妄竄於彼晁氏習見今本說文故云古文無从夊者經典皆作愛不

作㤅漢碑亦皆从心从夂隷變㤅本於篆非假愛爲㤅也
又緐本部慶行賀人也从心从夂此與愛字同意以其从夂故
曰行賀人也則愛字解亦當曰行惠也禮月令篇行慶施惠施
惠猶言行惠以上云行慶故變文言施耳二徐將㤅愛二篆分
隷二部又將行惠二字分屬二注而夂部之解遂致不可通矣

㥸撫也从心某聲讀若侮
濤案玉篇及廣韻九麌引但云㥸撫也不重㥸字是今本說
解中有㥸字者誤段先生曰撫當作憮

懕安也从心厭聲詩曰懕懕夜飲
濤案尒疋釋訓釋文引作安靜也蓋古本多一靜字今奪玉

篇云安也靜也然則安靜爲二義不足釋文所引尙奪一也字

憺安也从心詹聲

濤案一切經音義卷十六尙有謂憺然安樂也六字乃庾氏注中語文選洞簫賦潘安仁爲賈謐贈陸機詩注引作淡乃假借字

怕無爲也从心白聲

濤案文選子虛長楊景福殿賦張華勵志詩養生論注一切經音義卷十六引皆同今本惟文選盧子諒時興詩注引泊即怕字之别無也乃傳寫奪一爲字非古本如是音義卷二十五引

怕靜也當是古本之一訓

恤 憂也收也从心血聲

濤案一切經音卷九引恤少也當是古本之一訓

憸 憸詖也憸利於上佞人也从心僉聲

濤案玉篇引不重憸字葢古本如是今本誤衍

懦 駑弱者也从心需聲

濤案禮記玉藻正義引懦柔也葢古本如是許書無駑字古懦弱字不作駑弱今本葢淺人妄改

恁 下齎也从心任聲

濤案後漢書班固傳注引恁念也葢古本如是廣雅釋 云

恁思也思念同義篇韻亦云念也下齎二字義不可通今本
之誤顯然

㦎 輕易也从心蔑聲商書曰以相陵㦎

濤案一切經音義卷十六卷二十一卷二十四引作相輕傷也
葢古本如此人部曰傷輕也是古輕易字作傷音義卷十文
選沈休文奏彈王源注引同今本乃後人據今本改

愚 戇也从心从禺禺猴屬獸之愚者

濤案一切經音義卷四卷十二卷二十卷二十三卷二十五
皆引作愚癡也葢古本一曰以下之奪文猴屬廣韻十虞引
作母猴屬

戇 愚也从心贛聲

濤案後漢書董卓傳注一切經音義卷四卷十二卷二十三皆引同今本惟音義卷二十一引云戇亦愚鈍也二十五引戇愚鈍也皆有鈍字疑古本有亦鈍也三字元應書二十一愚字衍文二十五愚字乃亦字之誤

忮 很也从心支聲

濤案一切經音義卷九引很作佷乃傳寫之誤非古本如是廣韻五寘引同今本可證

悍 勇也从心旱聲

濤案一切經音義各卷引悍勇也有力也卷二十四引悍勇

有力也是古本尚有有力也三字今本傳寫誤奪

惕放也从心昜聲一曰平也

濤案華嚴經音義上引惕放恣也是古本有恣字今奪音義又云古體又有婸像二體今說文無婸字像乃別爲一字疑慧苑所云乃指當時所謂古體非謂說文之古文也

憧意不定也从心童聲

濤案一切經音義卷二十引憧憧意不定也葢古本複一憧字淺人不知篆文連注之例以爲複舉而刪之

怳狂之皃从心況省聲

濤案一切經音義卷八引怳狂皃也葢古本如是今本衍之

字奪也字

恑變也从心危聲

濤案一切經音義卷三引恑變詐也是古本多一詐字然文選海賦楊德祖答臨淄侯牋沈休文宋書謝靈運傳論陸士衡辯亡論注皆引作詭變也詭即恑之假借字是古本亦有無此字者

㤖心動也从心季聲

濤案一切經音義卷四引㤖氣不定也當是古本有此一解今奪

懖善自用之意也从心銛聲商書曰今汝懖銛懖古文从耳

濤案書盤庚釋文引作拒善自用之意是古本多一非字今本刪去此字義不可通玉篇引同今本乃後人據今本改

愆過也从心衍聲𡩍或从寒省𠎝籒文

濤案一切經音義卷三引愆過也失也卷五卷二十三引愆過也亦失也是古本尚有失也一訓玉篇亦云過也失也當本許書

怋怓也从心民聲

怓亂也从心奴聲詩曰以謹惽怓

濤案詩民勞釋文云惽說文作怋是古本偁詩作以謹怋怓今本乃後人據毛詩改耳

惛不憭也从心昏聲

濤案一切經音義卷二十一引作不了乃用通假字魏晉人言小時了了皆以了爲憭

憒亂也从心貴聲

濤案莊子大宗師釋文後漢書何進傳注引憒憒亂也是古本複一憒字一切經音義卷六引憒亂煩也是古本亦有多一煩字者餘卷皆同今本

悁忿也从心肙聲一曰憂也𢙢籀文

濤案後漢書張衡傳注引悁悁憂也是古本複一悁字又陳蕃傳注引悁悁恚忿是古本多一恚字一引正解一引別解

而無不複舉悁字者今本爲二徐妄刪無疑又一切經音義卷五引作恚也卷二十引作忿也乃傳寫誤分當本引作恚忿與後漢書注同玉篇引同今本乃後人據今本改又案文選洞簫賦引悁悒憂皃賦文哀悁之可懷兮初無悒字葢崇賢所引亦作悁悁後人妄改且悁上尚有憂煩二字其爲傳寫之誤無疑

恚 恨也从心圭聲

濤案詩緜釋文引恚怒也葢古本如是下文怒恚也怒恚互訓今本作恨者非

怨 恚也从心夗聲𢘻古文

濤案一切經音義卷十二引怨屈也乃寃字傳寫之誤元應
書標題稱寃二字云古文作寃二形今本怨同於元反說文
云云而下文引廣雅仍作冤字則引許書乃釋寃字非釋怨
字也

慍怒也从心昷聲

濤案一切經音義卷十詩緜正義皆引作怨也葢古本如是
文選思元賦注引柏舟詩注曰慍怨也今毛詩作怒而正義
尙作怨字則作怒者乃誤本論語人不知而不慍釋文引鄭
注云慍怨也錢教授源云慍怨聲今作怒者非葢本書怨怒
皆訓爲恚而怨與怒實微有別音義他卷皆引同今本則後

人據今本改也

㤄恨怒也从心市聲詩曰視我㤄㤄

濤案詩白華釋文引作很怒也蓋古本如是今本作恨乃傳寫形近而誤

怏不服懟也从心央聲

濤案一切經音義卷二卷二十二皆引怏心不服也是古本有心字無懟字段先生曰當作不服也懟也奪一也字遂不可解矣懟蓋此字之一解玉篇亦云懟也不服也

憤懣也从心賁聲

濤案一切經音義卷二十二二十四引懣作滿乃傳寫之誤

上文懣憤也憤懣互訓

悶 懣也从心門聲

濤案廣韻二十六慁尚有易曰遯世無悶六字當亦說文舊經語而今本奪之

惆 失意也从心周聲

濤案一切經音義卷二卷三引惆悵失志也葢古本如是二徐不知篆文連注讀法以注中單舉一悵字爲不詞而刪之又改志爲意更誤

懆 愁不安也从心喿聲詩曰念子懆懆

濤案詩白華釋文引作愁不申也葢古本如是不申有悁邑

抑鬱之意今本作安誤

慘毒也从心參聲

濤案一切經音義卷三引慘毒也痛也卷二十二引慘憂皃

也是古本尚有痛憂二訓今奪

⿱⺮悶存也从心簡省聲讀若簡

濤案玉篇引不重⿱⺮悶字乃傳寫奪誤非古本無之許書⿱⺮悶簡

即尔疋之萌萌玉篇載云或作⿱艹悶古人从艸从竹之字每相

亂希馮書艸艸引尔疋正作⿱艹悶⿱艹悶即所謂或作⿱⺮悶⿱⺮悶廣韻亦

引作⿱艹悶⿱艹悶惟尔疋假借作萌而玉篇音莫耕切廣韻音武登

切則讀若簡疑讀若萌之誤

惔 憂心从心炎聲詩曰憂心如惔

濤案詩雲漢釋文云如惔音談燎也說文云炎燎也徐音炎葢古本此處當引詩如惔如焚不當引憂心如惔也憂心如惔許書作憂心灵灵見火部灵字毛傳惔燎之也與炎燎之解正合古本當作一曰炎燎也詩曰如惔如焚二徐刪去一解遂改偁詩爲憂心如惔謬妄已甚或謂當作憂心如炎亦恐未是元朗不云說文作炎則許君偁詩必是惔字

又案一切經音義卷十五引惔安也乃憺字之誤非古本有此一訓

𢝊 愁也从心从頁

濤案文選洞簫賦哀悁悁之可懷兮注引說文曰憂煩悁悒憂皃此引當有誤舛不得據爲古本之異文也

又案六書故曰蜀本作頁聲則今本作从頁者誤小徐本亦有聲字

㦔失气也从心聑聲一曰服也

濤案一切經音義卷二十引作心服也蓋古本有心字此與快之心不服也心字皆不可少

又案史記衛將軍傳索隱引懾慴失氣也慴字乃涉正文而衍非古本如是

怵恐也从心术聲

濤案史記韓長孺傳索隱引怵誘也怵乃訹字之假言部訹誘也小司馬書涉正文而誤非古本此字訓誘也

惕敬也从心易聲悐或从狄

濤案文選射雉賦注一切經音義卷五皆引作驚也葢古本如是經籍中虞鄭之注易韋昭之注國語張揖之注廣雅皆訓惕爲懼玉篇亦云惕悞也懼與驚義相近薛綜注東京賦訓惕爲驚正與許合古無訓惕爲敬者敬乃驚字之壞

㣻懲也从心乂聲

濤案後漢書竇融傳注引乂亦懲也是古本多一亦字乂即㣻字之假借

補忕

濤案詩蕩釋文四月正義左氏桓十三年傳正義皆引忕習也是古本有忕篆今奪臧明經曰今說文作㥏習也無忕字一切經音義十二生經第一卷習忕又作㥏翼世反字林㥏習也蒼頡篇㥏明也不正狃復也郭璞曰狃忕復爲也據元應書知忕㥏同字音亦相近葢說文作忕蒼頡篇作㥏而晉字林梁玉篇隋切韻皆從蒼頡篇作㥏唐人熟於㥏字遂據以亂說文之本眞而毛公太史公鄭康成孫叔然韋宏嗣張揖孔鮒杜預郭璞秦漢魏晉閒人皆用忕字知許叔重必作忕也據明經此說則當刪㥏篆補此篆

補懂

濤案玉篇心部懂說文云遲也是古本有此篆而今本奪之

補愋

濤案老子諸經釋文暖暄也說文作愋是古本有愋篆今奪

惢部

惢心疑也从三心凡惢之屬皆从惢讀若易旅瑣瑣

濤案文選魏都賦引惢疑也乃傳寫奪一心字非古本如是

說文古本攷第十一卷上　嘉興沈濤纂

水部

水　準也北方之行象眾水並流中有微陽之气也凡水之屬皆从水

濤案尔疋釋水釋文云水北方之行象眾泉並流著微陽之氣也五行大義釋五行名引云水其字象泉並流中有微陽之氣蓋古本眾水作眾泉五行大義所以奪一眾字釋文中有二字作著有著義得兩通蓋傳寫奪一中字

河　水出焞煌塞外昆侖山發原注海从水可聲

濤案初學記六地部白帖卷六引河者下也隨地下流而通

也乃古本一曰以下之奪文

涃 澤在昆侖下从水囷聲讀與麇同

濤案御覽七十二地部引昆侖下有虛字葢古本如是昆侖

虛見尒疋山海經此字乃二徐妄刪

涑 水出發鳩山入於河从水東聲

濤案水經濁漳水注云漳水又東涑水注之水出西發鳩山

東逕余吾縣故城南又東逕屯留縣故城北又東流注於漳

故許愼曰水出發鳩山入關从水章聲也此注舛誤殊甚涑

水當作涑水東原戴氏校定入關作入漳章聲作東聲葢古

本說文作入於漳不作入於河涑水無緣入河知今本河字

爲傳寫之誤

浙　江水東至會稽山陰爲浙江从水折聲

濤案初學記卷六地部御覽六十五地部所引皆同惟卷六十地部引江至會稽郡爲浙江晉書音義三十七引江水東至會稽爲浙江水經漸水篇注云許慎晉灼並言江水至山陰爲浙江此皆檃括節引非古本或有異同也

沫　水出蜀西徼外東南入江从水末聲

濤案史記河渠書索隱引沫水出蜀西南徼外與青衣合東南入江葢古本如是今本奪南字及與青衣合四字水經沫水篇曰沫水東北與青衣水合注引華陽國志曰二水於漢嘉

青衣縣東合爲一川自下亦謂之青衣水正與許合文選江賦注引沬水出蜀西塞外東南入江則槩括非完文矣

溫 水出犍爲涪南入黔水从水𥁕聲

濤案水經延江水注引許慎曰温水南入黚是古本作黚不作黔漢書地理志亦作黚本書黑部黚淺黃黑也黔黎也二字義別

沅 水出牂牁故且蘭東北入江从水元聲

濤案史記屈原傳正義引沅水出牂牁東北流入江是古本東北下有流字以他字例之不應有流字疑張守節所見本皆有此字也

漾 水出隴西柏道東至武都爲漢从水羕聲 瀁 古文从養

濤案水經漾水篇注引柏道作獂道葢古本如此漢書地理志天水郡有獂道今本柏字乃傳寫之誤漢下水經注引有水字宋小字本作相道亦誤

汧 水出扶風汧縣西北入渭从水开聲

濤案廣韻一先引無汧縣二字乃節引非完文

澇 水出扶風鄠北入渭从水勞聲

濤案御覽六十二地部引鄠下有縣字以上文汧水注扶風汧縣例之古本當有縣字文選上林賦注亦有縣字無扶風二字則崇賢節引也

𣻐（篆）水出右扶風杜陵岐山東入渭一曰入洛从水桼聲
濤案水經漆水篇注引杜陵作杜陽縣葢古本如是漢志杜
陵屬京兆尹杜陽屬右扶風則今本作杜陵者誤也玉篇引
同今本疑後人據今本改
又案一曰入洛水經注引作一曰漆城池也小徐本同漆本
無繇入洛然城池名漆書傳無徵疑傳寫有誤酈注下又引
開山圖曰麗山西北有温池温池西南八十里岐山在杜陽
北長安西有渠謂之漆渠云云則城池當是温池之誤
灈（篆）水出盧江雩婁北入淮从水藋聲
濤案水經決水篇注決水又西北灌水注之許愼曰出雩婁

縣疑古本縣名下皆有縣字爲後人所刪善長節引奪一北字一切經音義卷十卷二十二兩引灌注也葢古本一曰以下之奪文

湘 水出零陵陽海山北入江从水相聲

濤案史記屈原傳正義引零陵下有縣字此古本皆有縣字之證也史記正義北下有至酃二字與漢志合又傳寫奪一陽字御覽六十五地部傳寫奪一山字皆誤

深 水出桂陽南平西入營道从水罙聲

濤案水經深水篇注引許慎云深水出桂陽南平縣也是古本南平下有縣字

𣹟　水出南陽魯陽入城父从水敖聲

濤案水經注二十一汝水篇引城父作父城盖古本如是父城屬潁川郡見漢書地理志城父則屬沛郡距魯陽遠矣水經注引南下無陽字乃傳寫偶奪非古本無此字也

澧　水出南陽雉衡山東入汝从水豊聲

濤案御覽六十三地部引雉作經盖傳寫之譌非古本如是

濄　水受淮陽扶溝浪湯渠東入淮从水過聲

濤案水經二十三陰溝水篇注引受上有首字與前漢志同盖古本如是今爲淺人所删溝下水經注有縣字亦古本皆有縣字之證晉書音義上引受字作出乃淺人妄爲校改扶

溝作浮溝亦傳寫音近而誤

澮 水出鄭國从水會聲詩曰澮與洧方渙渙兮

濤案詩溱洧釋文曰渙渙韓詩作洹洹音丸說文作汎汎音父弓反是古本不作渙渙今本據毛詩改段先生曰案作汎父弓反音義俱非葢汍汍之誤汍汍與洹洹同漢志又作灌灌亦當讀汍汍皆水盛沄旋之皃

濮 水出東郡濮陽南入鉅野从水僕聲

濤案類聚九水部引濮小津也葢古本一曰以下之奪文

淨 魯北城門池也从水爭聲

濤案廣韻十三耕曰埩魯城北門池也說文作淨葢古本作

城北不作北城今本誤倒

菏 菏澤水在山陽胡陵禹貢浮于淮泗達于菏从水苛聲

濤案書禹貢釋文云河說文作菏云水出山陽湖陵南蓋古本如是漢書地理志亦作湖陵高帝紀作胡陵乃湖字之省小徐本亦作湖陵南其爲今本誤奪無疑在亦出字之誤又御覽七十二地部引作胡陸南陸即陵字之壞廣韻七歌引菏澤水在山陽湖陵縣可見古本皆有縣字惟出字皆同今本誤作在而廣韻又奪南字

洹 水在齊魯間从水亘聲

濤案水經注九洹水篇云許慎說文呂忱字林並云洹水出

晉曾之間是今本齊字乃晉字之誤攷水經洹水所經皆無
齊地古本之作晉字無疑本書皆言出無言在者今本在字
亦誤

灉 河灉水在宋从水雝聲

濤案水經瓠子水篇注曰尔疋曰水自河出爲灉許愼曰灉者
河灉水也是古本有也字此以河灉水解灉字與他處篆注
相連不同故道元加者字以足之今本乃淺人妄刪若如他
水之例則當作灉水在宋說解中河灉二字爲贅詞矣

沂 水出東海費東西入泗从水斤聲一曰沂水出泰山蓋青
州浸

濤案御覽六十三地部引無西字葢傳寫偶奪

溉 水出東海桑瀆覆甑山東北入海一曰灌注也从水既聲

濤案一切經音義卷二卷十卷十八卷二十二卷二十三文選南都注養生論注皆引溉灌也洞簫賦注引溉猶灌也葢古本無注字今本誤衍當作一曰溉灌也華嚴經三十七音義引溉灌澍水也澍爲時雨與灌溉之義不同疑傳寫有誤元應書卷一引同今本疑後人據今本改

浯 水出琅邪靈門壺山東北入濰从水吾聲

濤案水經濰水篇注引水出靈門山葢傳寫奪壺字壺乃靈門縣之山名若如善長所引幾疑靈門爲山名矣

汶水出琅邪朱虛東泰山東入濰从水文聲桑欽說汶水出泰山萊蕪西南入泲

濤案御覽六十三地部引泰山上奪東字又在朱虛之上皆誤

濡水出涿郡故安東入漆涑从水需聲

濤案水經注十一易水篇云地理志曰故安縣閻鄉易水所出至范陽入濡水闞駰亦言是矣又曰濡水合渠許慎曰濡水入深深渠二號卽巨馬之異名深東原戴氏以為淶字之誤巨馬水篇注云卽淶水也則當作淶為是漆涑二水相去甚遠不能相入深水亦出桂陽皆淶字形近之誤一切經音

義卷六引水出涿郡東入淶是古本作淶無疑漢志無濡水合渠之語疑善長引十三州志之語云又曰者乃承上闞駰亦言而云然也

浿　水出樂浪鏤方東入海从水貝聲一曰出浿水縣

濤案水經浿水篇注引無樂浪二字乃節引非完文引浿水作貝水與漢志合葢古本如是

泥　水出北地郁郅北蠻中从水泥聲

濤案晉書音義四十七北蠻中引作蠻夷中葢古本如是今本衍北字奪夷字廣韻十二齊引無北地二字乃節取非完文

湳 西河美稷保東北水从水南聲

濤案文選潘安仁關中詩注引湳水出西河美稷縣葢古本如是今本保字殆縣字之誤東北水三字亦不可通

漹 水出西河中陽北沙南入河从水焉聲

濤案水經注六汾水篇引漹水出西河中陽縣之西南入河葢古本如是今本北沙二字誤東原戴氏校水經注仍作北沙乃據今本說文以改酈注妄矣

洦 淺水也从水百聲

濤案顏氏家訓勉學篇曰遊趙州見柏人城北有一小水土人亦不知名後讀城西門徐整碑云洦流東指案說文此字

古魄字也洦淺水皃此水無名直以淺皃目之或當卽以洦爲名乎嚴孝廉曰當言泊古洦字也洦淺水皃二徐洦篆後脫泊古文洦本書犬部狛字注云讀若淺泊則古本當有泊篆

澥 勃澥海之別名也从水解聲一說澥卽澥谷也

濤案初學記卷六地部引東海之別有渤澥蓋古本無名字毛板初印本亦無名字桂大令曰別者猶江別爲沱渤勃古今字

漠 北方流沙也一曰淸也从水莫聲

濤案文選曹子建白馬篇注引方作土乃傳寫之誤他注皆

引同今本可證

洪 洚水也从水共聲

濤案玉篇引無水字蓋傳寫偶奪

潮 水朝宗于海从水朝聲

濤案御覽六十八地部引潮朝也潮卽淖字之別體蓋古本如是今本涉上衍篆說解而誤耳玉篇引同今本疑後人據今本改

濥 水脈行地中濥濥也从水夤聲

濤案玉篇及廣韻二十一震引也皆作然蓋古本作水脈行地中濥濥然也今本奪然字篇韻亦奪也字文選江賦注但

引水脈行地中乃崇賢節取

混 豐流也从水昆聲

濤案華嚴經序音義引混謂混沌未分共同一氣之皃蓋古本一曰以下之奪文

汭 水相入也从水从內內亦聲

濤案史記夏本紀索隱引水相入曰汭蓋古本有如是作者又五帝本紀正義引作水涯曰汭古無訓汭爲水涯者涯字當是相入二字傳寫之誤非所據本不同也玉篇及廣韻十三祭皆引作水相入皃乃傳寫之誤此解似當作也不當作皃

泌 俠流也从水必聲

濤案文選魏都賦注引泌水駃流也蓋古本如是今本俠字義不可通玉篇引作狹流亦誤

瀏 流清皃从水劉聲詩曰瀏其清矣

濤案詩溱洧釋文引瀏流清也蓋古本不作皃

汪 深廣也从水𡈼聲一曰汪池也

濤案一切經音義卷十三卷十四卷十八後漢書荀淑傳注所引皆同惟文選江賦注引無深字乃傳寫偶奪非所據本不同也

況 寒水也从水兄聲

濤案華嚴經卷十五音義云況許誑切矧也正體三點經本有兩點者非也說文謂寒水也非此譬況之義也是慧苑所據本从仌不从水矣然許旣訓爲寒水自應从水不應从仌竊意慧苑書三點兩點字傳寫互易慧苑之意以譬況字當作兩點其三點者乃寒水字玉篇况俗況字魏上尊號碑况神祇之心乎字正作况此字葢从二非从仌當是譬况正字與寒水字不同疑兄部之奪文非俗字也

又案佩觿況字作况云寒氷則當入仌部不當入水部

汎 浮皃从水凡聲

濤案一切經音義卷二引汎浮也是古本作也不作皃傳注

訓汎爲浮者不一而足無訓浮皃者若如今本則當作水浮皃矣

沄 轉流也从水云聲讀若混

濤案尔疋釋言釋文引轉流也下有一曰沉三字葢古本有之今奪

灂 水小聲从水爵聲

濤案史記相如傳索隱引作水之小聲是古本有之今奪

滕 水超涌也从水朕聲

濤案文選江賦注引無超字葢古本如是本部涌訓滕此滕訓水涌正許書互訓之例言涌不必再言超也滕選注作騰

乃用賦文假借字

潏 涌出也一曰水中坻人所爲爲潏一曰潏水名在京兆杜陵从水矞聲

濤案文選上林賦海賦注皆引作水涌出也葢古本如是以洸字水涌光波字水涌流例之古本當有水字今奪上林賦注又引潏水出杜陵是古本作出不作在漢書相如傳注亦引作在者乃後人據今本改也選注無京兆二字乃崇賢節引

波 水涌流也从水皮聲

濤案文選月賦注引無流字乃傳寫偶奪非古本如是若是則與滕字解無別矣

浮 氾也从水孚聲

濤案文選海賦注引氾作汎蓋古本如是上文汎浮皃也當作浮汎互訓今本作氾乃音近而誤

氾 濫也从水已聲

濤案一切經音義卷　引有謂普搏也乃庾氏注中語

泓 下深皃从水弘聲

濤案一切經音義卷二十引作下深大皃蓋古本如是今本奪一大字音義卷十七文選吳都賦注引作下深大也義得兩通笙賦注引作下深也其誤奪與今本同

湍 疾瀨也从水耑聲

濤案華嚴經卷十三音義引說文曰淺水流沙上曰湍又曰湍疾瀨也卷三十五音義引作湍者疾瀨也淺水流沙上曰湍也一切經音義卷二十二同音義下引湍疾瀨淺水流沙上曰湍也一切經音義卷二十三引湍疾瀨也淺水流沙上也蓋古本當作淺水流沙上曰湍一曰湍疾瀨也今本刪去正解妄矣淮南原道訓注曰湍瀨水淺流急少魚之處也正可爲淺水流沙上之證

又案一切經音義卷四卷十三十六二十引湍疾瀨也水流沙上曰瀨瀨淺水也與慧苑所據不同而華嚴經音義卷引瀨字訓亦作淺水流沙上是湍瀨同訓與淮南注合

又案文選陸士衡日出東南隅行注引湍水疾也葢古本亦有如是作者

激 水礙衺疾波也从水敫聲一曰半遮也

濤案一切經音義卷十一引水文凝邪疾急曰激也葢古本如此凝疑卽礙字之誤卷四引水疾急曰激也卷二十一引激邪流急者也卷二十二引激水流凝邪急激也皆節引非全文華嚴經音義上下兩引水文回邪疾急曰激也則所據本與元應微有不同下卷又引激疾波也疑古本作激疾波也水文礙邪疾急曰激也二徐妄加刪併遂不可讀耳玉篇引同今本當是孫强等所改非顧氏原文

涌 滕也从水甬聲一曰涌水在楚國
濤案汗簡卷中之一引庚儼演說文涌字作甬葢古文立水
臥水相出入也

汋 激水聲也从水勺聲井一有水一無水謂之瀱汋
濤案廣韻四覺引井上有一曰二字葢古本如是瀱汋之與
激水聲非一義也

渾 混流聲也从水軍聲一曰洿下皃
濤案一切經音義卷一引渾水流聲也一曰汙卷九引渾洿
也亦水流聲也是古本無下皃二字混流聲作水流聲文選
七命注引渾流聲也奪去水字而亦無混字又音義二十三

引混亂也乃溷字之誤

又案御覽卷二天部引渾者制儀器也是古本尚有此一解

洌　水清也从水列聲易曰井洌寒泉食

濤案文選長笛賦注引無水字乃傳寫偶奪

湜　水清底見也从水是聲詩曰湜湜其止

濤案詩谷風釋文引底見作見底葢古本如是今人猶有水清見底之語

滲　下漉也从水參聲

濤案史記相如傳索隱引滲漉水下流之皃也乃小司馬隱括二字之解非古本如是也一切經音義卷十文選長卿封

禪文注引同今本可證下文漉滲也據小徐本大徐本作浚也誤一曰水下皃亦據小徐本大徐本無滲漉互訓說詳漉下

淀 回泉也从水旋省聲

濤案一切經音義卷十八引淀回淵也蓋古本如是今本泉字後人避唐諱改

淵 回水也从水𣶒象形左右岸也中象水皃𣶒淵或省水囦古文从口水

濤案華嚴經音義引水洄曰淵蓋古本亦有如是作者洄當作回文選魏都賦注御覽卷七十地部皆引同今本

又案九經字樣𣶒古文淵則今本作或省者誤

𣾰 滿也从水爾聲

濤案詩新臺釋文引作水滿也葢古本有水字今奪

𤅢 水搖也从水詹聲

濤案文選東京賦注引澹澹水搖皃也葢古本如是淺人疑注中澹字以爲複舉而删之又奪皃字耳琴賦難蜀父老齊敬皇后哀策文諸注皆同今本乃祟賢節引長楊賦注幷奪水字高唐賦注複舉澹字亦奪皃字古本當如東京賦注所引

𣴎 少減也一曰水門从水省聲又水出丘前謂之消邱

濤案廣韻四十静引無又水二字乃傳寫偶奪非古本如是

潯 旁深也从水尋聲

濤案文選江文通雜體詩注引潯水旁潯也古本蓋當作水旁深也今本奪一水字選注又誤深爲潯

溽 溼暑也从水辱聲

濤案文選潘安仁悼亡詩注引溽暑溼暑也上暑字乃涉詩語而衍非古本如是

涅 黑土在水中也从水从土日聲

濤案五經文字云从日从土則古本不作日聲桂大令曰聲不相近

又案論語陽貨釋文引作謂黑土在水中者也蓋古本有者

字謂字乃元朗所足北堂書鈔地理部亦有者字

又案此乃淤泥正字經典皆假泥水字爲之書鈔御覽皆引作泥用假借字也

㴘 青黑色从水曶聲

濤案廣韻十八隊引作洄青黑皃云今作㴘則古本从回不从曶今本色字亦皃字之誤

沙 水散石也从水从少水少沙見楚東有沙水𣲡譚長說沙或从尐

濤案水經二十二潧水篇注引水少沙見作水沙見矣乃傳寫奪一少字非古本如是水少沙見正屬會意矣字亦善長

所足詩鳧鷖正義引沙水中散石也水少則沙見多一中字
則字文義更爲完足古本當有此二字北堂書鈔地理部引
奪散字

瀨 水流沙上也从水賴聲

濤案一切經音義卷二十引無水字葢傳寫偶奪非古本如
是他卷所引皆有水字可證華嚴經音義卷上引作淺水流
沙上也是所據本多一淺字

浦 瀕也从水甫聲

濤案詩常武釋文正義北山正義藝文類聚卷九水部白帖
卷七御覽七十四地部皆引作水濱也是古本有水字今奪

小徐本尚有水字濱卽瀕字之別

小水入大水曰潨从水从衆詩曰鳧鷖在潨

濤案玉篇詩鳧鷖釋文正義一切經音義卷七文選江賦注皆引作小水入大水也葢古本如是許書凡作曰某者皆他書櫽括節引後人以之竄入本書許君訓解之例不如是也詩正義入下有於字

別水也从水从𠂢𠂢亦聲

濤案一切經音義卷七卷二十二卷二十四引派水之邪流別也此乃𠂢字之訓經典皆通用派字派爲別水與邪流別之義無分此字疑後人妄增葢𠂢之別體也文選頭陀寺碑

文注引派水別流也亦節引𠂢字之解

濘 滎濘也从水寧聲

濤案文選七命注引濘絕小水也蓋古本與滎字解同今本滎濘二字義不可通

窪 清水也一曰窊也从水窐聲

濤案一切經音義卷七引窪小水也蓋古本如是今人猶以小水爲窪廣韻九麻引同今本乃後人據今本改也

潢 積水池从水黃聲

濤案一切經音義卷十七引潢亦積水池也大曰潢小曰洿蓋古本如是今本奪亦也二字并奪大曰潢小曰洿六字皆誤文選

南都賦注御覽七十一地部引亦無久字乃古人節引之例廣韻十一唐及玉篇則後人據今本所改音義卷十五引久積水大曰潢小曰池亦與今本不同

沼　池水从水召聲

濤案一切經音義卷二十五引沼池小池也上池字當是衍文卷二十三引沼小池也蓋古本如是今本小池二字誤倒淺人又改小爲水並奪也字耳音義他卷及華嚴經卷十四音義引沼池也是古本亦有無小字者毛詩采蘩正月靈臺三傳皆云沼池也

又案音義二十二引沼小也乃傳寫奪一池字

湖 大陂也从水胡聲揚州浸有五湖浸州澤所仰以溉灌也

濤案藝文類聚卷九水部引川澤作水澤一切經音義卷四引揚州下無浸字皆傳寫奪誤惟類聚五湖下無浸字乃古本如是風俗通曰湖者言流瀆四面所猥也川澤所仰以溉灌也正用許語許自解湖非解浸則此處不應有浸字

瀶 谷也从水臨聲讀若林一曰寒也

濤案一切經音義卷二十引瀶谷名許書之例當作也不當作名凡器物艸木諸引作名者皆引書者以意改之非古本如是

淩 行流也从水从夌盧江有淩水出於大別山

濤案一切經音義卷二卷九引作下流也葢古本如是段先
生曰下讀如自上下下之下

注 灌也从水主聲

濤案一切經音義卷一引注灌也瀉也是古本尚有瀉也一
訓今奪

澨 埤增水邊土人所止者从水筮聲夏書曰過三澨

濤案初學記卷六地部引水邊土人所止曰澨是古本無埤
增二字左氏成十五年傳楚辭湘夫人注皆云澨水涯水經
水篇注引杜預曰水際及邊地名也皆與許君說合

淜 無舟渡河也从水朋聲

濤案釋訓釋文引舟作船義得兩通

浮

浮行水上也从水从子古或以汓爲沒泅汓或从囚聲

濤案一切經音義卷十一引作浮水上行也卷十五引作水上浮行也卷十八引作謂水上浮也卷十七引同今本諸引不同義皆得通謂字乃元應所足華嚴經卷六十六音義又引作浮於水上也音義引游字解如此游爲旌旗之流非此之用經典皆假游爲汓慧苑蓋从俗通用字當是慧苑所據本作浮於水上行也傳寫奪一行字耳晉書音義一百十三所引傳寫奪浮行二字

湛

沒也从水甚聲一曰湛水豫章浸

濤案漢書地理志引豫章作豫州與周禮職方合蓋古本如

是今本章字乃傳寫之誤

淒 雲雨起也从水妻聲詩曰有渰淒淒

濤案初學記卷一天部御覽卷八天部引雲雨作雨雲蓋古本如是今本誤倒段先生曰雨雲謂欲雨之雲唐人詩晴雲雨雲是也

渰 雲雨皃从水弇聲

濤案初學記卷一御覽卷八天部引皆作雨雲皃亦古本如是說詳上淒字下

溟 小雨溟溟也从水冥聲

濤案御覽卷八天部引無溟溟二字乃節取非完文

澍　時雨澍生萬物从水尌聲

濤案後漢書明帝紀注引澍時雨所以澍生萬物鍾離意傳引澍雨所以澍生萬物故曰澍文選魏都賦注引澍時雨所以澍生萬物者也一切經音義卷一卷六引澍上古時雨所以澍生萬物者諸引雖小有異同而皆有所以二字今本奪此二字葢二徐妄刪御覽卷十天部引澍時雨也乃節取非完文

潦　雨水大皃从水尞聲

濤案詩采蘋正義一切經音義卷一文選長笛賦注陸士衡贈顧彥先詩注曹顏遠思友詩注皆引潦雨水也南都賦注

司馬紹統贈顧榮詩注引潦雨水是古本無大皃二字華嚴經三十七音義引潦天雨也疑古本或作天雨水也慧苑所引奪一水字

雨流霤下皃从水蒦聲

濤案文選七命注引無雨流二字葢傳寫偶奪非古本如是

渿沛也从水柰聲

濤案廣韻十四泰引作渿沛之也集韻類篇皆同是古本有之字其義未聞宋小字本亦有之字

微雨也从水蒙聲

濤案初學記卷二天部引微雨曰濛濛是古本多一濛字當

作濛濛微雨也二徐疑爲複舉而刪之

洽 霑也从水合聲

濤案華嚴經序音義引洽霑及也蓋古本亦有如是作者一切經音義卷六卷二十二引皆同今本

溓 薄冰也一曰中絕小水从水兼聲

濤案文選寡婦賦注引溓溓薄冰也蓋古本多一溓字今本爲淺人妄刪食部鎌字注云讀若風溓溓是溓溓複舉乃古人恒語古本當作溓溓薄冰也一曰溓中絕小水二徐不知篆文連注之例既刪去複舉溓字又一曰以下不知再舉溓字無知妄作而古書遂不可通矣

又案樓攻媿集答趙崇憲書載晁以道所得唐本說文曰溓薄水也或曰中絕小水又曰淹也或从廉是唐本有淹也一訓又有重文濂字今本皆爲二徐妄刪

漮　水虛也从水康聲

濤案爾雅釋詁釋文引作水之空也葢古本如是空虛同義而漮空爲雙聲尒疋曰漮虛也漢書　傳注亦引作空

洿　濁水不流也一曰窳下也从水夸聲

濤案一切經音義卷八卷十八引流下多一池字葢古本如是孟子云數罟不入洿池方言注亦訓洿爲池卷十五卷十七引無不流二字乃　寫誤奪文選南都賦注班孟堅答賓

戲注引同今本義得兩通

汙 薉也一曰小池爲汙一曰涂也从水于聲

濤案史記張耳傳索隱一切經音義卷十四廣韻十一暮皆引作穢也薉穢古今字

汏 淅灡也从水大聲

濤案文選王元長永明十一年策文注引汏簡也蓋古本無淅字簡即灡字之省一切經音義卷十五引汏洗也蓋古本一曰以下之奪文後漢書陳元傳注洮汏猶洗濯也是汏有洗義

淅 汏米也从水析聲

濤案詩生民釋文引作汏也乃元朗因注文已有米字節取汏字之訓非古本無米字也

瀝 浚也从水歷聲一曰水下滴瀝

濤案文選海賦注引瀝滴水下滴瀝也江文通雜體詩注引滴瀝水下滴瀝也魯靈光殿賦注引滴瀝水下滴瀝之也三引不同而皆與今本稍異其或作瀝滴或作滴瀝則皆因所注之本文而改耳

漉 浚也从水鹿聲淥漉或从彔

濤案文選長卿封禪文注引漉水下皃廣韻一屋亦引一曰水下皃葢古本有此五字小徐本尚有之

泔 周謂潘曰泔从水甘聲

濤案一切經音義卷十四引泔潘也乃元應檃括節引非古本如是

淤 澱滓濁泥从水於聲

濤案後漢書文苑杜篤傳注引淤澱滓也蓋古本無濁泥二字今本誤衍

湑 莤酒也一曰浚也一曰露皃从水胥聲詩曰有酒湑我又曰零露湑兮

濤案初學記卷二十六服食部引醑旨酒也醑卽湑字之别體旨乃莤字傳寫之誤非古本如是詩伐木傳云湑莤之也

則作酋爲是御覽八百四十三飲食部引醑酋酒也

湎 沈於酒也从水面聲周書曰罔敢湎于酒

濤案一切經音義卷二十三引湎作媔沈作耽皆傳寫之誤卷二卷六引同今本可證

澆 沃也从水堯聲

濤案一切經音義卷三引澆灌漬也蓋古本一曰以下之奪文

液 盡也从水夜聲

濤案盡乃𧝁字之誤宋小字本正作𧝁文選洞簫賦注引作精乃聲音相近傳寫之誤一切經音義卷二卷二十五引液

津潤也是古本亦有多一潤字者津卽盡字之假借小徐本亦作津

溢 器滿也从水益聲

濤案華嚴經卷十二音義引溢器滿餘也葢古本如此器滿而餘則溢今本奪餘字誤

滌 洒也从水條聲

濤案詩泂酌正義華嚴經卷三音義引滌洗也古洗洒二字相通說文正字則洒爲洒滌字洗爲洒足字他書所引每假洗爲洒

又案一切經音義卷一引滌洒也亦除也是古尚有除也一

訓今奪

漱 盪口也从水敕聲

濤案華嚴經音義上文選思元賦注引作蕩口也盪正字蕩假借字一切經音義卷十四引作漱口也乃傳寫之誤他卷引同今本可證

沬 洒面也从水未聲 頮 古文沬从頁

濤案書顧命王乃洮頮水釋文云說文作沬云古文作頮是古本重文从頁从廾今本傳寫闕脫耳文選七發司馬子長報任安書楊子雲解嘲等注皆引頮洗面也洗面即洒面說詳滌字下

浴　洒身也从水谷聲

濤案一切經音義卷二十四引洗身曰浴洗身卽洒身說見上

澡　洒手也从水喿聲

濤案文選長笛賦注引澡洗手也洗手卽洒手說見上

洗　灑足也从水先聲

濤案御覽三百九十五人事部引洗洒足也葢古本如是洒雖爲古文灑埽字而灑與洒訓解不同不得以灑爲洒也

汲　引水於井也从水从及及亦聲

濤案一切經音義卷十五文選江賦注皆引汲引水也是古

本無於井二字凡引水皆謂之汲故古人有巖栖谷汲之語
不必皆在井也

淋 以水沃也从水林聲一曰淋淋山下水皃

濤案文選七發注引淋山下水也葢古本亦有如是作者義
得兩通

又案一切經音義卷二引淋水沃也無以字乃傳寫偶奪卷
十引同今本可證

渫 除去也从水枼聲

濤案文選南都賦注引作去除也葢傳寫誤倒海賦注引同
今本可證

濯 澣也从水翟聲

濤案一切經音義卷二十五引濯滌也葢古本一曰以下之奪文

潎 於水中擊絮也从水敝聲

濤案御覽八百二十六資產部引無於字葢古本如是韻會亦無於字是小徐本尚不誤也

灒 汙灑也一曰水中人从水贊聲

濤案一切經音義卷十五卷十七引灒水汙灑也卷七引水汙洒曰灒也是古本有水字卷十四卷十六卷二十皆引同今本乃傳寫偶奪水字耳卷三引水字作相亦傳寫之誤

汗 人液也从水干聲

濤案御覽三百八十八人事部引作身液也以洟爲鼻液倒之古本當作身不作人

泣 無聲出涕曰泣从水立聲

濤案蓺文類聚三十五人部御覽四百八十八人事部引作無聲出涕也葢古本如是今本曰泣云云非許書之例說詳上詩雨無正正義引涕作淚乃傳寫之誤

涕 泣也从水弟聲

濤案御覽三百八十八人事部引涕鼻液也鼻乃目字之誤葢洟爲鼻液汗爲身液涕爲目液古本詮解甚晰今本乃二

徐妄改

漕 水轉轂也一曰人之所乘及船也从水曹聲

濤案文選蕪城賦注史記平準書索隱轂皆引作穀蓋古本如是漢書百官志曰太倉令主受郡國漕穀注引如淳曰水轉曰漕轂字乃傳寫之誤又史記索隱引一云車運曰轉水運曰漕此亦古本如是今本一曰以下義不可通

漏 以銅受水刻節晝夜百刻从水屚聲

濤案類聚六十八儀飾部白帖卷三十一　部御覽卷二天部北堂書鈔儀飾部皆引作以銅盛水文選劉琨答盧諶詩注引作以銅盆受水分時晝夜百刻也盛與受分時刻節義皆

得兩通選注盆字恐傳寫誤衍

濊 水多皃从水歲聲

濤案文選長笛賦注引皃作也義得兩通

補 涎

濤案一切經音義卷十八引涎涉渡水也是古本有涎篆今奪

補 池

濤案華嚴經卷十四音義引穿地通水曰池蓋古本有池篆今奪木部汪字解云池也注字解云深池也潢字解云積水池沼字注云池水當作小池說詳沼字下 又𨸏部隍字解云城池也有

水曰池無水曰隍虫部蛟字解云池魚是說文有池字矣
又案初學記卷七地部引池者陂也从水宅聲葢古本作池
陂也穿地通水曰池宅聲當作也聲乃校書者據鼎臣之說
妄改耳

說文古本攷第十一卷下　　　嘉興沈濤纂

瀕部

瀕　水厓人所賓附頻蹙不前而止从頁从涉凡瀕之屬皆从瀕

顰　涉水顰蹙从頻卑聲

濤案華嚴經音義下云按說文渡水向岸水文叢皺亦謂之頻蹙然憂愁之頻頻下著卑據慧苑所引則與今本大異竊意瀕顰本二字訓解當不同今本一云水厓頻蹙不前一云涉水顰蹙又何所區別邪詩召旻不云自頻毛傳云頻厓也頻即瀕之省釋文云案張揖字詁云瀕今濱濆乃瀕之别體字而傳注或訓爲涯或訓爲水涯正與許君水厓之訓相合

則瀕本水厓字渡水向岸二語當是古本有之二徐改爲頻蹙不前則與顰字解無別矣至顰字諸書或別作嚬或省作頻皆爲頻蹙憂愁之皃見易巽卦注及晉書音義初與涉水無涉其所以從頻者當以人之顰蹙如水文之叢皺古本當如慧苑所引顰蹙然憂愁也則與許君解字通例相合而與傳注訓解均無不合矣

又案瀕經典皆用濱字詩召旻不云自頻箋云頻當作濱則濱非別字許君旣云人所賓附則偏旁必有賓竊意瀕爲正字訓解當如慧苑所引濱爲重文則云水厓人所賓附乃釋从賓之意二徐本奪去濱字遂將人所賓附語竄入正解試

問水厓人所賓附何故顚蹷不前邪知其意之不可通矣

ㄑ部

ㄑ水小流也周禮匠人爲溝洫相廣五寸二相爲耦一耦之伐廣尺深尺謂之ㄑ倍ㄑ謂之遂倍遂曰溝倍溝曰洫倍洫曰巜凡ㄑ之屬皆从ㄑ甽古文ㄑ从田从川畎篆文ㄑ从田犬聲六畎爲一畝

濤案後漢書章帝紀注引甽田中之溝溝乃倍遂之名遂又倍ㄑ之名則不得訓甽爲溝此必傳寫有誤非章懷所據本如是也

又案詩節南山正義引甽小流也乃傳寫奪水字御覽七十

五地部引𠮛水流也乃奪一小字

巜部

巜 水流澮澮也方百里爲巜廣二尋深二仞尤巜之屬皆从巜

濤案廣韻十四泰引爲作有蓋古本如是若如今本幾疑巜方百里矣

粼 水生厓石間粼粼也从巜粦聲

濤案文選江賦注引粼水厓閒粼粼然也蓋古本多一然字選注傳寫奪生石二字

川部

巛 貫穿通流水也虞書曰濬く巜距川言深く巜之水會爲川也凡川之屬皆从川

濤案漢書李尋傳注引川者水貫穿而通流也葢古本如是今本義雖無別而語頗不詞者字乃引書者所足御覽六十八地部引同今本乃後人據今本改

巟 水廣也从川亡聲易曰包巟用馮河

濤案易泰卦釋文引有又大也三字葢古本有一曰大也四字今奪

邕 四方有水自邕城池也从川从邑𡿺籀文邕

濤案廣韻三鍾引城作成葢古本如是今本城字乃傳寫之

誤

州 水中可居曰州周遶其旁从重川昔堯遭洪水民居水中高土故曰九州詩曰在河之州一曰州疇也各疇其土而生之

州 古文州

濤案故曰九州句類聚六地部引作故名曰州葢古本如是御覽百五十七州郡部引無各字當是傳寫偶奪

𠂢部

𠂢 水之衺流別也从反永凡𠂢之屬皆从𠂢讀若稗縣

濤案文選王簡棲頭陀寺碑文注引派水別流也派卽𠂢字之俗此乃崇賢節引流別二字又傳寫誤倒非古本如是

衇 血理分衺行體者从𠂢从血 脈 衇或从肉 䘑 籀文

壽案廣韻二十一麥引衺作衷乃傳寫之誤

谷部

谷 泉出通川爲谷从水半見出於口凡谷之屬皆从谷

壽案一切經音義卷九引泉之通川者曰谷御覽五十四地部引泉通川曰谷葢古本不作出音義卷十六引泉之物川曰谷乃傳寫之誤

㕡 深通川也从谷从𣦵𣦵殘地阬坎意也虞書曰㕡畎澮距川 濬 㕡或从水 濬 古文㕡

壽案玉篇㕡古文濬葢古本當作濬篆文㕡㕡字自當古于

濤也

谸 望山谷谸谸青也从谷千聲

濤案谸谸文選高唐賦注引作芊芊賦曰肅何千千注引說文此語而申之曰千與芊古字通是崇賢所據本不作谸谸也然說文無芊字疑賦本作芊芊注引說文作千千後人傳習互易耳廣韻一先引作望山谷之谸青也龍龕手鑑引作望山如同青也皆誤

仌部

仌 凍也象水凝之形凡仌之屬皆从仌

冰 水堅也从仌从水凝俗冰从疑

濤案初學記卷七地部御覽六十八地部引仌水堅也皆在冰條下則讀爲履霜堅冰之冰不作凝字解矣且仌訓爲凍義近于凝冰訓水堅即水澤腹堅之意不應轉作凝解竊意仌本讀魚陵切冰本讀筆陵切凝爲俗仌字非俗冰字水凝則爲冰正字之會意自二徐本誤以凝爲俗冰字遂將二音互易轉以經典作冰爲非李少温深于說文其名取陽冰不冶之義不得讀爲陽凝若謂類書所引誤仌爲冰則當云冰凍也可見水堅之字爲堅冰之冰而非凝凍之凝矣

凜 寒也从仌稟聲

濤案文選寡婦賦注引凜凜寒也文賦注引懍懍寒也凜凜

皆凓之別體字是古本多一凓字二徐疑爲注中複舉而刪之古詩十九首注引不重凓字非節引卽奪文御覽三十四時序部引凓清寒也淸亦凓字之誤當是校書者妄改

冬 四時盡也从仌从夂夂古文終字𣅛古文冬从日

濤案御覽三十四時序部引作終也盡也葢古本如是冬之訓終屢見傳注二徐刪此一義妄矣

冶 銷也从仌台聲

濤案一切經音義卷二引冶燒也乃古本一曰以下之奪文

[冫賴] 寒也从仌賴聲

濤案詩大東正義引說文冽寒皃故字从仌今本說文無冽

字篇韻皆有列無賴則賴必列之誤古本說解當作寒皃下
泉正義亦云列字當从仌

雨部

靁 陰陽薄動靁雨生物者也从雨畾象回轉形𩂩古文靁𩆀
古文靁𩆀籒文靁間有回回靁聲
濤案汗簡卷下之二引作畾與今本第二重文不同案許云
籒文靁間有回則古文云不應有回可知篆體當如郭氏所
作

霆 雷餘聲也鈴鈴所以挺出萬物从雨廷聲
濤案類聚二天部引也字在物字之下蓋古本如此鈴鈴正

狀雷之餘聲餘聲鈴鈴四字本相連不容中間隔以也字初學記御覽十三天部餘聲下亦無也字易繫辭釋文京云霆者雷之餘氣挺生萬物也說文同氣當爲聲字傳寫之誤君明易注無鈴鈴二字故陸引說文亦節之說文同者言大意相同非必字句之皆同一切經音義卷四引亦無鈴鈴二字乃節引非完文

電 陰陽激燿也从雨从申[illegible]古文

濤案御覽十三天部引作从雨申聲與小徐本同葢古本如此孔編修廣森曰十月之交電與令字通協今本無聲字葢徐鉉等不達古音而妄改穀梁隱九年䟽引陰擊陽爲電擊

當爲激字之誤又云電者卽雷之光皆與御覽選注所引不同葢所據本有異也

震 劈歷振物者从雨辰聲春秋傳曰震夷伯之廟𩆸籀文震

濤案御覽十三天部開元占經雷霆占皆引作霹靂二字俗當作劈歷振物也葢古本當作劈歷振物者也今本傳寫奪也字御覽占經傳寫奪者字穀梁隱九年疏引震霹歷也乃節引非完文法苑珠林卷四引作霹歷動也動乃物字之誤

䨮 凝雨說物者从雨彗聲

濤案文選雪賦注引雪凝雨也葢古本無說物者三字說物義不可通淺人妄竄以配上文震之振物耳

霰 稷雪也从雨散聲䨘霰或从見
濤案御覽天部廣韻三十二霰開元占經一百二霰皆占引作積雪大唐類要一百五十二引作稷雪積稷二義皆不可曉無庸强通類要又引陰之專氣爲霰葢古本有此六字今奪語本曾子天圓篇

霝 雨䨞也从雨吅象䨞形詩曰霝雨其濛

零 雨餘也从雨令聲
濤案廣韻十五青引霝雨䨞也从雨吅象雨䨞形或作零又引零餘雨也是古本雨零作雨䨞象字下尚有雨字从吅爲象雨䨞形單云䨞語不詞御覽卷十天部引亦作零徐雨也

玉篇同是餘乃徐字之誤據廣韻則零乃霝之重文今本分爲二字亦誤許引東山霝雨今詩作零雨鄭風零露漙兮正義本作靈靈卽霝字之假借霝訓雨零正許書互訓之例可見霝零本一字古本當作霝雨零也从雨吅象雨零形詩曰霝雨其濛零霝或从令一曰零徐雨也

小雨財零也从雨鮮聲讀若斯

濤案御覽卷十天部引財零作裁落零乃雨零正字而世俗通用落許書注中往往用通用字者財零裁落葢所據本不同也初學記卷二天部又引小雨纔落曰⿱雨鮮纔俗字

霖雨也南陽謂霖雨曰⿱雨㐺从雨㐺聲

濤案御覽卷十天部引此作南陽名霖雨曰霡盖所據本不同而宋本有作南陽謂霖霡者顯然譌奪不得轉以爲古本如是也霡御覽誤作霂又案爲霢霂字書所無霢乃小雨皆非

又案本部䨚小雨也从雨眾聲明堂月令曰䨚雨禮月令季春行秋令則淫雨蚤降注云今月令作衆雨盖卽此之䨚雨惟康成以霖雨釋淫雨而許云小雨其說岐異竊意許書本無霖字禮注衆雨卽霡雨之譌霡爲正字淫乃假借字不足釋天久雨謂之淫淫謂之霖當用此字也許所引明堂月令當在𠂢聲之下二徐所見本誤分䨚霡爲二字又分爲職戎

銀箴二音不知六經今文率用正字古文率用假借字霝有
淫音故古文禮記假借作淫若作職戎切則與淫聲甚遠何
能假借乎玉篇有霝無霮則知六朝以前說文本無此字

霃 久陰也从雨沈聲
濤案初學記卷一御覽卷八天部皆引霃雲久陰也葢古本
如此今本奪雲字誤

䨝 雨聲从雨眞聲讀若資
濤案御覽卷十天部引曰霣雨聲也霣乃䨝字之別體篇韻
皆有䨝字

霤 屋水流也从雨留聲

濤案一切經音義卷十五卷十六引霤屋水流下也文選潘安仁悼亡詩注引霤屋承水也魏都賦注寡婦賦注引霤屋水流也古本當作屋承水流下也元應書奪一承字選注奪流下二字其與今本同者乃崇賢節引耳

霽 雨止也从雨齊聲

濤案一切經音義卷八引雨止曰霽霽晴當作姓也下三字乃元應所足非古本如是又開元占經一百一引霽者雨止也雲罷皃此乃霩字注傳寫誤霩爲霽又衍也字耳

霋 霽謂之霋从雨妻聲

濤案初學記卷二御覽十一天部引皆作霋雨霽也葢古本

如是今本乃淺人妄改廣韻十二齊引同今本亦後人據今
本改
霓 屈虹青赤或白色陰气也从雨兒聲
濤案尒疋釋天釋文引作屈虹青赤也一曰白色陰氣也許
君之意以虹蜺有青赤白色之不同皆屬陰氣青赤或白色
五字爲句傳寫元朗書者疑或字爲說文之一解因以一曰
改之又于青赤下妄增也字謬誤殊甚非古本如是亦非元
朗本書如是也類聚卷二天部御覽卷十四天部開元占經
虹蜺占引同今本可證
雲部

原書第十一、十二葉爲白葉。

雲 山川气也从雨云象雲回轉形凡雲之屬皆从雲云古文

省雲 亦古文雲

濤案止觀輔行傳宏決一之二引作象雲氣在天回轉之形葢古本如此今本爲淺人删節語頗不詞又案廣韻二十文引同今本乃後人據二徐本改而初學記御覽八天部所引象下更少一雲字乃有所節取非所據本如是也當以止觀輔行傳爲正御覽又引雲大澤之潤氣也既云山川氣又云大澤潤氣未免重複且諸書皆言山川出雲不應單指大澤此恐說文注中語或御覽自引他書而後人傳寫誤耳

濤案御覽九百四十一鱗介部引鮩蜯也鮚䱄也䱄字注有音蚌二字字書無䱄字亦當作蜯許書無蜯字而玉篇云蜯蜯蛤蚌同上則蜯當爲蚌之重文易不足釋文皆云蚌本又作蜯漢書敘注臧於蜯蛤注蜯卽蚌字葢古本說文虫部有蜯字經二徐所刪削據御覽則此注亦作蜯不作蚌也

又案御覽廣韻五質引會稽獻鮚醬二升升當爲斗字之誤則今本奪二斗二字

補

鯖

濤案北堂書鈔酒食部引鯖煑肉也是古本有鯖篆今奪廣韻云煑魚煎肉曰五侯鯖

云煮魚煎肉曰五侯鯖

補 鰈

濤案本書犬部狧犬食也从犬从舌讀若比目魚鰈之鰈是古本有鰈篆尓疋釋地東海有比目魚其名謂之鰈許正引此大徐轉以之入新附誤矣

又案邵編修晉涵曰韓詩外傳云東海之魚名曰鰥比目而行是比目魚本名鰥隸體變轉今作鰈王觀察念孫曰鰥爲其魚魴鰥之鰥與比目魚鰈之鰈聲義懸殊不得以鰥爲鰈通攷書傳亦無謂鰥爲比目魚者竊謂鰥乃鰨之譌釋文曰鰈本或作鰨玉篇鰈比目魚鰨同上是鰨鰈之别體故尓疋

作鰈外傳作鰨鰨與鰥相似傳寫者遂誤爲鰥耳其說甚確
足證許書之有鰈

䲜部

𤅩捕魚也从䲜从水漁篆文𤅩从魚
濤案汗簡卷下之一引說文漁作𤅩𤅩葢古本正文篆體如
此許君用古文爲正今本當依下重文篆文而改耳
又案左氏隱五年傳正義引魚捕魚也魚乃漁字之誤

燕部

燕玄鳥也籋口布翄枝尾象形凡燕之屬皆从燕
濤案御覽九百二十二羽族部引象形下有齊魯謂之鳦作

巢避戊己十字葢古本有之今奪又案御覽引枝尾作岐尾亦古本如是無籥口二字則古書節引之例矣類聚九十二鳥部仍作枝尾疑淺人據今本改而亦有作巢避戊己五字廣韻三十二霰引亦有此五字則今本乃二徐妄刪五字見烏部焉字解不嫌複出也

龍部

龍 鱗蟲之長能幽能明能細能巨能短能長春分而登天秋分而潛淵从肉飛之形童省聲凡龍之屬皆从龍

濤案初學記三十鱗介部引能細能巨作能小能大能短能長作能長能短潛淵作入川御覽九百二十九鱗介部引能

細能巨作能小能大止觀輔行傳宏決一之二作能大能小二十五時序部潛淵作入淵類聚九十六鱗介部作入川後漢張衡傳注能細作能小潛淵作入川淵之爲川避唐諱改其餘義得兩通白帖二十九引入川作入地葢傳寫之誤又案六書故云唐本从肉从飛及童省葢古本如此以篆體論之左上从童省右旁上𠤎反古文及也𠤎謂从飛省也許書象形字每云象某之形今云从肉飛之形語頗不詞乃二徐妄改

龕 龍皃从龍合聲

濤案六書故云唐本今聲晁氏曰从今乃得聲也是古本不

从含聲九經字樣曰龕从龍从今聲作龕誤是古本有从合
者宋小字本亦从合皆非玉篇字亦非龕

飛部

𩙣 翄也从飛異聲翼篆文𩙣从羽

濤案文選西都賦注引翼屋榮也則古本有一曰屋榮也五
字今奪

又案玉篇云𩙣籀文翼字是希馮所見本翼爲正字𩙣乃籀
文

非部

非 違也从飛下翄取其相背凡非之屬皆从非

濤案華嚴經音義上引非猶違也葢古本如是許書訓解中罕有猶字惟丗部𠔱字注丗猶齊也據此則此等字爲後人所刊削者不少矣

靡 披也从非麻聲

濤案廣韻四紙引作披靡也葢古本如是披靡雙聲字今本誤奪

又案文選吳都賦注引靡碎也葢古本之一解易中孚九二吾與尒靡之孟王增云散也散碎義相近

陛 牢也所以拘非也从非陛省聲

濤案廣韻十二齊引非作罪乃傳寫之誤一切經音義卷十

三引同今本可證

重印說文古本攷

十二至十四之下

說文古本攷第十二卷上

嘉興沈濤纂

乙部

乙 玄鳥也齊魯謂之乙取其鳴自呼象形凡乙之屬皆从乙

鳦 乙或从鳥

濤案汗簡卷下之一引說文乙字作𠃉蓋古本尚有此重文當爲古文乙字也

又案廣韻五質鳦說文作乙燕乙玄鳥也是古本尚有燕乙二字今奪廣韻所取取下奪其字廣韻不云鳦同上而云說文作乙似陸孫所據本無重文

不部

不鳥飛上翔不下來也从一一猶天也象形凡不之屬皆从不

濤案廣韻四十四有引一天也無猶字葢古本如是說文之例以一在上爲天一在下爲地不得有猶字下至不一猶地也猶字亦衍

鹵部

鹵西方鹹地也从西省象鹽形安定有鹵縣東方謂之㡿西方謂之鹵凡鹵之屬皆从鹵

濤案一切經音義卷二引鹵西方鹹地也故字从西省下象鹽形也天生曰鹵人生曰鹽鹽在正東方鹵在正西方又卷

九卷十四所引大略相同卷二十四引天生上又有确薄之地也五字皆與今本不同然書禹貢釋文正義史記夏本紀索隱御覽八百六十五飲食部皆引東方謂之斥西方謂之鹵則今本不誤葢元應所引天生曰鹵云云乃一曰以下之奪文或說文注中語也

鹽部

鹽 鹹也从鹵監聲古者宿沙初作煑海凡鹽之屬皆从鹽

濤案廣韻二十四鹽引海下有爲字上既言作則下不得更言爲乃傳寫誤衍非古本如是

盬 河東鹽池袤五十一里廣七里周百十六里从鹽省古聲

濤案御覽八百六十五飲食部引作袤五十里廣六十里周一百十四里水經注涑水篇引作長五十一里廣六里周一百一十四里竊意南北既長東西不應如此之狹古本當如御覽所引酈注葢傳寫奪一十字今本又誤六爲七耳四之與六亦形近而誤左氏成六年傳正義後漢書章帝紀注引同今本疑後人據今本改

戶部

戶 護也半門曰戶象形凡戶之屬皆从戶㦾古文戶从木

濤案汗簡卷下之一引演說文戶字作[illegible]葢庾氏書重文如此

扉戶扇也从戶非聲

濤案初學記卷十儲宮部引扉戶也乃傳寫奪一扇字一切經音義卷十一引戶扇謂之扉可證玉篇亦引同今本

扇扉也从戶从翄省

濤案六書故云唐本从羽則今本从翄省者誤也韻會亦作从羽則小徐本猶不誤

戾輜車旁推戶也从戶大聲讀與釱同

濤案玉篇引無戶字葢傳寫偶奪

扃外閉之關也从戶冋聲

濤案文選顏延年揚給事誄注任彥昇蕭公行狀注引扃外

閉門之闕是古本多一門字魏都賦注顏延年還至梁城作詩注引扃門之闕也葢傳寫奪外閉二字南都賦注蕪城賦注孔德璋北山移文注引同今本乃節引非完文玉篇亦引同今本疑後人據今本改

門部

閶 天門也从門昌聲楚人名門曰閶闔

濤案初學記二十四居處部御覽百八十二居處部引閶闔天門也是古本尚有闔字淮南原道訓云排閶闔淪天門高誘注曰閶闔始升天之門也離騷云倚閶闔而望予王逸注曰閶闔天門也文選魯靈光殿賦云高門擬于閶闔張注曰

閶闔天門也思𤣥賦云出閶闔兮降天途李善引舊注曰閶闔天門也史記司馬相如傳云排閶闔而入帝宮兮正義引韋昭曰閶闔天門也漢書禮樂志云游閶闔師古引應劭曰閶闔天門也是古言天門者必兼閶闔二字無單言閶者許君言楚人名門曰閶闔正申明閶闔爲門之義葢說文之例以篆文連注讀二徐見訓解中單有闔字以爲不詞而妄刪之誤矣玉篇亦云閶闔天門也當本許書爲訓

閨 特立之戸上圜下方有似圭从門圭聲

濤案御覽百八十四居處部引作有似於圭是古本有於字今本奪此字則詞氣不完一切經音義卷十九引作特立之

門也門戶義雖兩通而此在門部則作門爲是

閈 門也从門干聲汝南平輿里門曰閈

濤案左傳襄三十一年釋文正義爾雅釋宮釋文文選蕪城賦注後漢書馬援傳注廣韻二十八翰皆引作閈閭也玉篇亦同蓋古本如此今本作門乃譌奪其半字耳下文閭里門也許言汝南平輿里門曰閈則當作閭左傳釋文輿下有縣字

閭 里門也从門呂聲周禮五家爲比五比爲閭閭侶也二十五家也相羣侶也

濤案一切經音義卷二十二引奪二十二字誤羣作伴義得

兩道書武成正義引閭族居里門也是古本亦有有族居二字者御覽百五十七居處部引誤奪五家五比四字

閻 里中門也从門臽聲壛閻或从土

濤案御覽百八十二居處部引作里中之門也葢古本多一之字而文義始完

闉 城內重門也从門垔聲詩曰出其闉闍

濤案詩出其東門正義引闉闍城曲重門是古本闉下有闍字城內作城曲毛傳云闉曲城也闍城臺也鄭箋云謂國外曲城之中市里也皆言城曲而不言城內則今本作內者誤二徐於訓解中妄刪闍字正與闍字解中闉字相類又文選

謝宣遠集別詩注顏延年始興郡詩注謝希逸宣貴妃誄注
皆引闉城曲重門也九經字樣亦云闉城曲重門也是古本
無作城內者

闕 門觀也从門欮聲

濤案史記高祖紀索隱引闕門觀也高三十丈葢古本有此
四字今奪

闔 門扇也一曰閉也从門盍聲

濤案御覽百八十二居處部引闔門扉也門閉也葢古本扇
作扉小徐本亦作門扉則知大徐本誤也一切經音義卷四
卷七卷十九引闔閉也皆無門字則御覽門字傳寫誤音義

卷十二引闔合也與他卷不同當是傳寫有誤

閬門高也从門良聲巴郡有閬中縣

濤案文選甘泉賦注引閬閬高大之皃也蓋古本如此今本爲二徐妄刪疑選注傳寫奪門字

闢開也从門辟聲虞書曰闢四門从門从𠬞

濤案匡謬正俗云許氏說文解字及張揖古今字詁闢古開字闢古闢字則古本从門上當有古文闢三字引書疑在从𠬞之下闢當作闢許君引虞書闢字如此以證其爲古文闢也

又案汗簡卷一之下篆體作闢是今本微誤

闀門響也从門鄉聲

濤案御覽百八十二居處部引響作嚮本書無嚮字蓋卽向字之俗古本當作鄉字後人用通用字作向又或从俗爲嚮傳寫轉誤爲響嚮字義不可通

闌門遮也从門柬聲

濤案一切經音義卷一華嚴經音義卷八皆引闌檻也蓋古本一曰以下之奪文

閡外閉也从門亥聲

濤案龍龕手鑑引作外閑乃傳寫有誤非古本如是

𨷲關下牡也从門龠聲

濤案一切經音義卷二十一引闒闟下牡也乃闟闒二字傳寫互倒非古本如是

閹 豎也宮中奄閽閉門者从門奄聲

濤案御覽百八十二居處部引作門豎也葢古本如是今本奪門字誤又一切經音義卷一卷十卷二十引閹豎宮中閹昏閉門者也則閽當作昏

閽 常以昏閉隸也从門昏昏亦聲

濤案御覽百八十二居處部引閽昏也門常昏閉故曰閽郎守門隸人也葢古本如是今本爲二徐妄刪

𨳿 登也从門二二古文下字讀軍敶之敶

濤案六書故云唐本从上則是古本篆體作冐不作冐矣字
旣訓登自以从上爲是臣鉉等曰下言自下而登上也故从
下亦知从下之不可通而强爲曲說耳

閃 闚頭門中也从人在門中

濤案一切經音義卷一卷十一卷十七皆引閃窺頭皃也葢
古本如是上文闚閃也闚閃互訓人在門中正闚視之皃不
必更言門中也今本誤衍廣韻五十五豔引同今本乃後人
據今本改

闋 事已閉門也从門癸聲

濤案一切經音義卷七引事已曰闋闋亦止息也終也葢古

本作事已閉門曰闋一曰闋止息也終也元應所引傳寫奪閉門二字今本奪一曰以下訓解又史記留矦世家索隱引闋事也則更誤奪不可通矣

補闠

濤案御覽百八十二居處部一切經音義卷二十二引闤闠市門也今本無闠字云闤市外門也據御覽則古本有闠字文選西京賦曰通闤帶闠薛綜注曰闤市營也闠中隔門也李善引倉頡篇曰闠市門也又蜀都賦闤闠之裏劉淵林注闤市巷也闠市外內門也是闠字或訓爲市營或訓爲市巷而倉頡篇則訓爲市門許君說解每與倉頡訓詁相合古本當

作闤闠市門也闤闠也如闉闍閭閻之例二徐本誤奪闤字遂改闤字之訓而大徐以闤字加入新附誤矣又薛以闤爲市中隔門劉以闤爲市外內門豈得訓爲市外門乎

又案錢少詹曰說文營訓市居營有環音故齊詩子之營兮與閒肩爲韻韓非子倉頡之作書也自環者謂之私背私者謂之公說文引作自營爲厶背厶爲公是營即闤也濤謂營環聲固相近古書率相通假然不得以此定說文之無闤字薛氏訓闤爲市營正以同聲爲訓闤字从門當從倉頡訓爲市門漢晉賦中皆言闤闠無單言闤者不得因今本誤奪而曲爲之說也

耳部

耴耳垂也从耳下垂象形春秋傳曰秦公子輒者其耳下垂故以爲名

濤案輒玉篇引作耴葢古本如是此引春秋傳以證耳垂之義不應作輒耴上有名字故作因亦古本如是

⿰耳占小垂耳也从耳占聲

濤案玉篇引作小耳垂葢古本如是引埤倉亦作小耳垂也可證下文耽耳大垂疑亦當作大耳垂

耽耳大垂也从耳冘聲詩曰士之耽兮

濤案一切經音義卷十三卷十五引耽耳大也乃傳寫奪一

垂字非古本如是廣韻二十二覃引同今本可證上文耼小

耼 垂耳也正與此字對對

耳曼也从耳冄聲

濤案史記老子列傳索隱引曼作漫乃傳寫之誤

又案廣韻二十二覃引說文後云又耽樂也詩曰無與士耽

當是許書之一解今稱詩經無訓解太遠葢傳寫奪一日樂

也四字

聸 垂耳也从耳詹聲南方瞻耳之國

濤案玉篇廣韻二十三談引瞻耳上皆有有字葢古本如是

今本傳寫偶奪一切經音義十五引作耳垂義得兩通

聯 連也从耳耳連於頰也从絲絲連不絕也

濤案一切經音義卷二十引聯卽連也卽字乃元應所足

聞 知聞也从耳門聲䎽古文从昏

濤案汗簡卷下之一引說文聞字作䎽與今本篆體不同疑古本从春不从昏

又案玉篇廣韻一切經音義卷十四卷十八皆引聞知聲也是古本不作知聞小徐本尚不誤也

聘 訪也从耳甹聲

濤案止觀輔行傳宏決四之三引訪作問蓋古本如是傳注訓聘爲問者不一而足或疑湛然涉女部娉字訓解而誤斯

不然矣

又案一切經音義卷二引同今本並引爾雅曰聘問也以別于說文之訓訪是二釋所據本不同訪問義得兩通也

聾 無聞也从耳龍聲

濤案御覽七百四十疾病部引有秦晉謂之聹五字蓋古本如是二徐疑與下文重複而刪之矣

聹 益梁之州謂聾爲聹秦晉聽而不聰聞而不達謂之聹从耳宰聲

濤案御覽七百四十疾病部引聽而不聰作聽而不聞蓋古本如是聽而不聞謂全無所聞聞而不達則不聰之謂矣二

者皆謂之聹若如今本則下句贅矣益梁作梁益義得兩通方言亦作聽而不聰蓋傳寫之誤後人又據誤本方言以改許書耳

聝軍戰斷耳也春秋傳曰以爲俘聝从耳或聲馘聝或从首

濤案玉篇引作戰而斷耳也蓋古本如是今本誤

聶附耳私小語也从三耳

濤案史記魏其傳索隱玉篇皆引作附耳小語也是古本無私字附耳小語卽不必更言私矣

補聧

濤案廣韻十二齊引聧耳不相聽也是古本有聧篆今奪

𦣝部

𦣞 廣𦣝也从𦣝巳聲𢎀古文𦣞从戶

濤案九經字樣雜辨𢎀戺上說文下經典相承是古本戶在

巳上

手部

攕 好手皃詩曰攕攕女手从手韱聲

濤案詩葛屨正義引攕妙手許書無妙字當爲好手之誤一切經音義卷十二所引正同今本釋文亦引作好字

撎 舉手下手也从手壹聲

濤案文選西征賦注引撎拜舉手下也蓋古本如是古之撎

即今之揖古之揖乃今之拱手周禮春官太祝九日肅拜注
引先鄭云但俯下手今時撎是也即舉手下之義左傳成十
六年三肅使者而退杜注云肅手至地若今之撎是古時解
撎字無不如今之長揖左傳成十六年正義引同今本義亦
得通左傳釋文引字林舉首下手也乃傳寫誤手爲首呂許
本屬相同段先生輒謂說文當作舉首余未敢從

揖 讓也从手咠聲一曰手著胷曰揖

濤案論語述而釋文及玉篇引讓作攘葢古本如是古揖讓
作攘讓乃責讓字宋小字本正作攘此字乃毛本傳刻之譌
北堂書鈔禮儀部引手上有以字今本亦奪

拜　首至地也从手𠦬𠦬音忽𢪽楊雄說拜从兩手下𢫨古文拜

濤案汗簡卷下之一引說文拜作𢫨葢古本古文篆體如此與部首手字古文合

搯　搯也从手舀聲周書曰師乃搯搯者拔兵刃以習擊刺詩曰左旋右搯

濤案詩淸人釋文引拔兵刃作抽刃葢古本如是抽拔義雖相近可以兩通然抽搯一聲之轉今毛詩本作抽傳訓抽矢箋訓抽刃許君自當以抽刃釋搯也

排　擠也从手非聲

濤案一切經音義卷十八引排擯也當是古本之一訓

抵 擠也从手氐聲

濤案文選風賦邸華葉而振氣注引說文曰邸觸也邸與抵古字通注中邸字當爲抵字之誤崇賢所引當是古本之一訓

拉 摧也从手立聲

濤案文選吳都賦注引拉頓折也一切經音義卷七引拉敗也皆古本一曰以下之奪文

挫 摧也从手坐聲

濤案文選賦注引挫折也乃古本一曰以下之奪文考工記
揉牙內不挫注云挫折也
又案一切經音義卷二十三引挫摧也亦抑也折也是古本
尚有抑也一訓
揱 把持也从手喿聲
濤案詩遵大路正義云說文操字喿此遙反聲訓爲奉也與今
本不同葢孔沖遠所據本如是義得兩通文選東京賦注一
切經音義十七十九二十等卷所引皆同今本則今本亦不
誤也
攫 爪持也从手瞿聲

攫 扟也从手矍聲

濤案一切經音義卷一云𨪁字宜作攫九縛居碧二反說文攫爪持也淮南子云獸窮則攫是也卷三云𨪁宜作攫說文云攫爪持也攫扟也卷九云𨪁字宜作攫說文爪持也禮記摯蟲搏也卷二十五云說文攫爪持也凡四引皆作攫不作擢又卷十一云攫九縛反說文攫扟也蒼頡篇攫搏也淮南子云獸窮則攫鳥窮則啄是也卷十五云攫九縛反說文攫扟也蒼頡篇攫搏也卷十九云摑宜作攫力九當作縛反說文攫扟也蒼頡篇攫搏也是元應所據說文有攫無擢爪持與扟二訓皆攫字之解華嚴經音義卷十二引說文曰攫爪持

也且云攫字經本有从立犬邊作玃者甚謬是慧苑所據說
文亦有攫無擢玉篇亦有攫無擢高誘淮南子云攫撮也正
合爪持之義古本當作攫爪持也一曰抓也从手矍聲方合
唐以前所引擢字或爲攫之重文或竟爲二徐妄竄皆未可
知也

抪 捫持也从手布聲
濤案一切經音義卷十六引抪布也蓋古本一曰以下之奪
文韻會七虞引一曰舒也是小徐本本有一解舒布義雖相
近而此从布聲則作布爲是元應書又引字書抪敷也謂敷
舒之也敷布舒三義皆同

挾 俾持也从手夾聲

濤案一切經音義卷十四卷十六兩引挾持也疑古本無俾字然本部自挈以下如縣持脅持閱持握持把持爪持急持索持引持并持捫持撫持攝持理持搤持提持無單訓持者則此解不應無俾字殆元應節取持字之義耳

擥 撮持也从手監聲

濤案一切經音義卷十二文選甘泉賦注所引皆同惟音義卷十一引攬字卽擥持也非節引卽奪文說詳挾字下

把 握也从手巴聲

濤案一切經音義卷十二引把握也持也卷十四引作亦把

持也是古本尚有持也一訓今奪

搹 把也从手鬲聲扼搹或从尼

濤案文選雪賦注一切經音義卷二十卷二十五所引皆同惟音義卷二十二引把下有持字乃傳寫誤衍非古本有異同也

控 引也从手空聲詩曰控于大邦匈奴名引弓控弦

濤案文選羽獵賦注引匈奴名引弓曰控弦是古本有曰字今奪西都賦注同傳寫奪一弦字一切經音義卷二十二引匈奴爲突厥則是唐人妄改許君時尚無突厥之名也

揞 把也今鹽官入水取鹽爲揞从手音聲

濤案六書故引唐本說文曰捋也則古本不作把手把曰掊見通俗文一切經音義卷十六引許書未必如此本部捋引取也重文作抱即今之刨字則取乃深取之意許言鹽官以證掊之爲深取其作捋不作把可知矣史記孝武本紀封禪書索隱兩引掊抱也抱即捋之重文此唐本作捋之明證又案漢書郊祀志云掊視得鼎師古注曰掊手把土也把音蒲巴反其字从木蓋即今之杷或據此以爲把當作杷然顏氏並未引說文與其臆改不如從唐本之爲愈也一切經音義卷十六兩引皆同今本疑皆抱字之誤

掄擇也从手侖聲

濤案廣韻二十三魂引有一曰貫也四字蓋古本如是廣雅釋　云掄貫也是掄有貫義小徐本作一曰以手貫也以手二字恐是誤衍

𢪅　捽也从手此聲

濤案一切經音義卷三卷十八兩引批撠也蓋古本如是今本涉下揤訓而誤耳本書無撠字而篇韻皆有之疑傳寫奪去當補

又案本部挶撠持也戟即撠字之省漢書五行志注撠謂挶持之也挶訓撠持撠訓挶持正許書互訓之例詩鴟鴞傳曰拮据撠挶也撠挶雙聲字釋文云本或作戟乃省假非正字

史記孫子列傳善門者不持撠索隱曰撠謂以手持撠刺人也當是小司馬所見本省撠爲戟故望文生義索隱中兩撠字皆當作戟左氏哀二十五年傳褚師出公戟其手戟亦撠字之省杜注乃謂徒手屈肘如戟形甚誤或見二徐本無撠篆遂謂撠當作戟且解戟持之訓謂手如戟而持之亦不得其說而强爲之辭漢書揚雄傳注云撠掮其義當本許書矣

摕　撮取也从手帶聲讀若詩曰螮蝀在東[篆]摕或从折从示兩手急持人也

濤案文選文賦意徘徊而不能揥注引說文云揥取也揥即摕字之別體是古本無撮字或崇賢節引耳

又案繫傳尙有重文徒字云古文揣从止辵張次立曰今說文引李舟切韻徒字如此是此文乃大徐所刪

捊引取也从手孚聲抱捊或从包

濤案詩緜正義一切經音義卷二卷十五卷十九廣韻十九侯三十二晧所引皆同惟詩緜釋文作引取土乃也字傳寫之誤音義卷四無引字非節引卽奪文玉篇引取作引聚亦誤玉篇有詩曰原隰捊矣大字小徐本同則大徐本誤奪也

又案一切經音義卷十一引抱持也當是古本之一訓

承奉也受也从手从卪从

濤案六書故云唐本从手从丞張參曰从手从丞是古本从

丞非从卪从収矣本書収部丞翊也从廾从卪从山山高奉承之義則承字宜从之五經文字从手从丞不云說文則經典相承通用字如此許書不如此也

又案九經字樣云承承上說文下隸省从卪从手又从収似乎度所見說文已與今本同矣

又案文選雪賦注引承上也當是古本之一訓

抪

撞也从手市聲

濤案玉篇引撞作擢乃傳寫之誤

搔

括也从手蚤聲

濤案一切經音義卷十二引作刮也是古本作刮不作括廣

韻搔爬刮正用刮字括非其義

挑 撓也从手兆聲一曰摷也國語曰郤至挑天

濤案一切經音義卷二卷十七引挑抉也葢古本尚有抉字一訓今奪下文抉挑也互訓可證

又案音義卷二卷十七又有以手抉挑出物六字當是庾氏注中語卷十七有也字

撓 擾也从手堯聲

濤案一切經音義卷二卷二十二引尚有又曰撓亂也五字是古本尚有亂字一訓卷七引有謂撓攪也四字則庾氏注中語矣

挶戟持也从手局聲

濤案詩鴟鴞正義引戟持作撠持蓋古本如是釋文引無戟字乃傳寫誤奪左氏襄九年傳正義引同今本則後人據今本改也說詳挑字下

𢷎引縱曰𢷎从手瘛省聲

濤案文選海賦注引掣引而縱也爾雅釋訓釋文云掣本或作㨷同充世反說文云引而縱之掣卽𢷎之別㨷又𢷎之譌爾雅釋文之字當作也蓋古本亦有如是作者

又案汗簡卷中之二引說文掣字作㨷今本無此重文且𢷎字古文未必如是恐傳寫有誤

抍上舉也从手升聲易曰抍馬壯吉㩐抍或从登

濤案文選謝靈運擬魏太子鄴中集詩七啟傅季有教頭陀寺碑文潘元茂冊魏公九錫文等注皆引出溺爲拯冊九錫文有也字葢古本一曰以下之奪文

又案易明夷釋文引拯舉也又引字林抍上舉也則古本說文正義作拯不作抍姚尙書文田曰一切經音義文選所引字皆作拯淮南子齊俗訓子路撜溺高誘注撜拯同張參五經文字拯作拯訛然則拯非俗字疑抍是字林後人羼入

又案一切經音義卷二引抍上舉也謂救助也卷九引抍謂上舉也救助也出溺也以救助釋上舉當是庾氏注中語而

出溺之訓其爲一解無疑矣

振 舉救也从辰聲一曰奮也

濤案文選陸士龍大將軍讌會詩答賈謐詩顏延年和謝監詩賈誼過秦論陸士衡演連珠等注一切經音義卷四卷七卷十卷十一卷二十二華嚴經音義卷二十五所引皆無救字葢古本無之然匡謬正俗卷七引同今葢古本亦有如是作者

扛 橫關對舉也从手工聲

濤案後漢書虞延傳注引扛鼎橫關對舉也鼎字涉傳文而衍史記項羽本紀索隱廣韻四江文選西京賦注引同今本

可證又費長房傳注引兩人對舉曰扛蓋古本亦有如是作
者龍龕手鑑引無對字乃傳寫誤奪
撟舉手也从手喬聲一曰撟擅也
濤案爾雅釋獸釋文文選江文通雜體詩注引皆無手字蓋
古本如是楚辭離騷注曰矯舉也矯即撟字之假史記扁鵲
傳舌撟然而不下匋淵明歸去來辭曰時矯首而遐觀凡舉
皆謂之撟不必專言手文選陸士衡吳趨行注及玉篇引同
今本疑後人據今本改
拚拊手也从手弁聲
濤案文選長笛賦注引作撫手也後漢書張衡傳注引作拊

手也撫乃拊字之假拊又拊字之別一切經音義各卷皆引作拊手曰抃則知今本不誤文選求自試表注引作拊也非節引卽奪文又音義卷七引拍手曰拚拍亦拊字之誤

揆 葵也从手癸聲

濤案六書故引唐本曰度也是古本作度不作葵爾雅釋言揆度也詩定之方中傳左氏文十八年傳注皆云揆度也傳注無不訓揆爲度者詩采菽傳葵揆也乃假葵爲揆度之揆猶言讀葵爲揆葵可訓揆揆不得訓葵也其爲二徐妄改無疑

擬 度也从手疑聲

濤案玉篇引有易曰擬諸形容六字當亦許君稱經語而二
徐本奪之
又案一切經音義卷十七引擬比也度也是古本尙有比也
一訓
扎縱也从手乙聲
濤案玉篇引作縱逸也是古本多一逸字辵部逸失也逸失
互訓
挩解挩也从手兌聲
濤案易小畜釋文車說說文云解也此葢傳寫有奪當云說
文作挩云解也葢古本訓解中無挩字據元朗所引則許書

當有稱經語玉篇所引亦無挩字

扟从上挹也从手卂聲讀若莘

濤案一切經音義卷十五引作從上挹取也蓋古本有取字

今奪通俗文從上取曰扟

攓拔取也南楚語从手寒聲楚詞曰朝攓批之木蘭

濤案史記賈生傳索隱引搴取也疑傳寫奪一拔字非古本如是莊子釋文引司馬注列子張注漢書顏注後漢書章懷注皆云搴拔也廣雅亦云搴拔也則不得無拔字若謂小司馬節引則正文斬將搴旗正當引拔字以解搴即攓字之別

遠取之也从手穾聲

濤案一切經音義卷七卷二十引探遠取也又卷十三引探遠取也亦試也卷一引手遠取曰探探試也卷二十四引手遠取曰探卷四卷八引遠取曰探也卷十一引探手遠取也卷二十二引遠取曰探探取也葢古本有手字無之字或作手遠取曰探卷八所引奪手字試也二字疑古本之一訓

撢 探也从手覃聲

濤案六書故云唐本說文曰[illegible]也撢字見周禮夏官撢人主撢序王意以語天下釋文曰與探同則撢當訓探不當訓[illegible]一切經音義引蒼頡篇曰撢持也淮南俶眞訓注云撢引皆與[illegible]義不相近且本書無[illegible]字葢唐人書字每以險側取勢

探字之冂引而下垂遂成㓹字唐本說文當亦本作探字傳寫譌為㨨字仲遠無識遂謂唐本作㨨誤矣

捼 推也从手委聲一曰兩手相切摩也

濤案一切經音義卷十二引同今本卷十卷十五卷十六卷二十二引無摩字卷二十并無兩字皆傳寫誤奪非古本有異同也文選長笛賦注玉篇推皆作摧亦古本如是

撆 別也一曰擊也从手敝聲

濤案文選洞簫賦注引撆拭也葢古本如是拭即敝字之別敝或作㓹傳寫遂誤為別

揻 搖也从手咸聲

濤案一切經音義卷四引揻作撼乃用別體字非古本有撼

篆也

搦 按也从手弱聲

濤案一切經音義卷八引搦按之也之字當是誤衍

掎 偏引也从手奇聲

濤案史記相如傳索隱引作偏引一腳也後漢書馬融傳注引作偏引一足也左氏襄十四年傳注亦云掎之掎其足也元凱正本許書是古本有此二字今奪後漢書班固傳注文選西都賦琴賦曹子建與楊修詩各注引同今本乃古人節引之例二徐據之以刪許書妄矣廣韻四紙五寘所引則後

人據今本改耳

又案文選陳孔璋爲袁紹檄豫州注引掎戾足也葢古本一

曰以下之奪文

𢪛反手擊也从手毘聲

濤案文選琴賦注兩引皆同惟上林賦注引批即𢪛字之俗擊也

則崇賢有所節取也

撞丮擣也从手童聲

濤案一切經音義卷五引撞戟擣也葢古本不作丮戟當作

撠

括絜也从手𠯑聲

濤案六書故引蜀本說文曰絜也結也結與絜義相近當是
李氏廣說文有此一訓易坤卦括囊无咎无譽正義引虞注
曰括結也廣雅釋詁亦云括結也

撝裂也从手爲聲一曰手指也

濤案一切經音義卷十三引撝裂破也破字誤衍言裂不必
更言破卷十四引同今本可證
又案廣韻五支引有易曰撝謙四字當亦說文偁經語而
今本奪之

摹規也从手莫聲

濤案一切經音義卷四引手拔爲模也蓋古本一曰以下之

奪文

[篆] 縫指揩也一曰韜也从手沓聲

濤案一切經音義卷十四卷十七引揩指揩也一曰韋揩今之射韝是也卷十五又引揩指揩以皮爲之今射韜是也卷二十四引揩指揩韋揩也今之射韝三引不同似皆有奪誤縫指揩蓋即今婦女所用之鍼箍韋揩則射韝矣繫傳作韋韜也玉篇作韋韜也當古本作揩縫指揩也一曰韋韜元應書所引以皮爲之及今之射韜也皆說文注中語

[篆] 圜也从手專聲

濤案一切經音義卷九引圜作團蓋傳寫[redacted]誤

捄盛土於梩中也一曰擾也詩曰捄之陾陾从手求聲

濤案詩緜正義引作盛土於器也恐傳寫有誤詩毛傳曰捄虆也孟子趙注曰虆梩籠臿之屬可以取土者也則許君之梩卽毛傳之虆不得但以器渾言之

拮手口共有所作也从手吉聲詩曰予手拮据

濤案一切經音義卷十二引口手共有所作曰拮据蓋古本當作拮据手口共有所作也今本奪一据字口手手口義得兩通

播種也从手番聲一曰布也

濤案廣韻三十九過引種作掩乃傳寫有誤播無掩斂之義

非古本如是

摎 縛殺也从手翏聲

濤案一切經音義卷二十引作縛殺之也乃傳寫誤衍一之字

抨 撣也从手平聲

濤案一切經音義卷九引作彈也蓋古本如是廣雅彈拼也玉篇拼與抨同古彈抨連文漢書杜周傳注罷敗而復抨彈之唐書陽嶠傳其意不樂撣抨事則今本作撣者誤廣韻亦云抨彈也

捲 气勢也从手卷聲國語曰有捲勇一曰捲收也

濤案玉篇廣韻二仙引有上有子字小徐本亦有之然今本齊語無子字疑小徐本誤衍而篇韻又因之也

摷 拘擊也从手巢聲

濤案一切經音義卷一引作相擊蓋古本如是拘字無義乃傳寫之誤

抶 笞擊也从手失聲

濤案文選甘泉賦注引抶擊也乃節引非完文

扺 側擊也从手氏聲

濤案廣韻四紙龍龕手鑑皆引作側手擊也蓋古本如是此與捭之兩手擊𢲧之反手擊同例後漢書隗囂寇榮臧宮等

傳注文選東京賦揚子雲解嘲注所引皆無手字乃節取非完文

捭　兩手擊也从手卑聲

濤案一切經音義卷十五引反手擊爲擺擺卽捭字之俗反手當爲兩手之誤卷十卷十六卷十九引皆作兩手文選吳都賦注謝靈運永初三年作詩注七命注所引皆同可證吳都賦注擊下有絕字音義卷十擊作掣卷十九手下有振字皆傳寫或誤或衍非古本有異同也

捶　以杖擊也从手垂聲

濤案華嚴經音義卷六十九引無以字文選魏都賦注無以

枎二字皆節引非完文司馬子長報任安書注引同今本可證一切經音義卷十六引擊下又有之字

拂 過擊也从手弗聲

濤案文選思玄賦注引無過字非傳寫偶奪即崇賢皆引耳

扞 忮也从手干聲

濤案莊子大宗師釋文引捍抵也捍即扞字之别葢古本作抵不作忮書傳或言扞格或言扞衛皆抵格之義忮訓爲很非其義也

濤案一切經音義卷一引扞上也亦蔽也衛也是古本尚有蔽衛二訓上字義不可解恐是傳寫有誤

挂 畫也从手圭聲

濤案六書故引唐本曰縣也是古本不作一本書縣部縣繫也繫即縣挂之意楚辭招魂漢書嚴安傳皆云挂縣也楚辭作懸即縣字之別玉篇亦云懸也葢本說文

抴 捈也从手世聲

濤案一切經音義引抴引也又申之曰謂牽引也則古本不作捈荀子非相篇注云抴牽引也

又案上文捈臥引也臥字亦衍廣雅釋詁法言問神篇注皆云捈引也臥引無義

撅 从手有所把也从手厥聲

濤案玉篇引作手有所把則知今本从字誤衍

掫夜戒守有所擊从手取聲春秋傳曰賓將掫

濤案左氏襄二十五年傳釋文昭二十年傳正義引掫夜戒有所擊也是古本無守字有也字守或手字之誤襄二十五年正義廣韻十九侯引亦作守疑後人據今本改

掖以手持人臂投地也从手夜聲一曰臂下也

濤案左氏僖二十五年傳釋文引以手持人臂曰掖正義引曰掖持臂也詩衡門正義同是古本無投地二字掖人者不必皆投地左傳掖以赴外言掖之以投於外若掖即投地不必更言赴外矣今本乃淺人妄增

補 揩 揩

濤案一切經音義卷二十引說文揩摩試也蓋古本有揩篆今奪

補 摻

濤案詩遵大路正義引說文曰摻此音反斂也蓋古本有摻篆嚴孝廉曰或謂隸書操似摻則摻疑操或又謂攕攕女手今詩作摻則摻疑攕余按疏引摻後並引說文操此遙反奉也葛屨疏別引說文攕妙手則摻非操攕之誤

補 捂

濤案徐鍇曰詩可與晤言傳云晤對也考之說文當作捂字

捂相當也葢詩假借晤字則古本有捂篆大徐本奪儀禮旣夕曰若無器則捂受之

補 押

濤案韻會引徐鍇本曰押署也从手甲聲是古本有押篆

補 揵

濤案文選思玄賦注引揵豎也是古本有揵篆今奪後漢書張衡傳注亦云揵豎也

𠦬部

𠦬 背呂也象脅肋形（小徐本有讀若乖三字）凡𠦬之屬皆从𠦬

濤案六書故引唐本作𠦬从大是古本篆形與今本不同矣

大象人形所以從大乑蓋象人脊吕之形戴氏又引李陽冰曰𠦬背心也手足之所不及故謂之𠦬千背文从肉文此蓋當塗廣說文語然則今本篆文如此蓋沿李氏之誤矣

脊背吕也从𠦬从肉

濤案汗簡卷下之一脊脊見說文是古本古文篆體如此今本脊

卷十二

說文古本攷第十二卷下

嘉興沈濤纂

女部

姓 人所生也古之神聖母感天而生子故稱天子从女从生生亦聲春秋傳曰天子因生以賜姓

濤案御覽三百六十二人事部引神聖下有人字蓋古本如是小徐本亦有之餘皆舛誤不可讀

姚 虞舜居姚虛因以爲姓从女兆聲或爲姚嬈也史篇以爲姚易也

濤案荀子非相篇注引姚美好皃蓋古本一曰以下之奪文

婚 婦家也禮娶婦以昏時婦人陰也故曰婚从女从昏昏亦

聲𡟰籒文婚

濤案一切經音義卷二引婚婦嫁也禮記取婦以昬詩入故曰婚以下文姻壻家也例之則作家爲是嫁字乃傳寫之誤非古本如是也今本葢奪記字入字元應所引又節去婦人陰也四字

姻

壻家也女之所因故曰姻从女从因因亦聲婣籒文姻从𣶒

濤案一切經音義卷二十一引無所字也字在故曰姻下皆傳寫誤奪非古本如是卷二引同今本可證

妻

婦與夫齊者也从女从屮从又又持事妻職也𡜊古文妻

从肖女肖古文貴字

濤案汗簡卷下之一引說文婁字作𡛰玉篇亦作㜕蓋古本古文篆體如此今本微誤夫玉篇引作已義得兩通

媰 婦人妊身也从女芻聲周書曰至于媰婦

濤案廣韻十虞引身作娠蓋古本如是妊娠媰三義相連得互相訓

嬎 生子齊均也从女从生免聲

濤案文選思乎賦舊注引生子二人俱出爲娩娩卽㝃之省然則㝃指孿生而言後乃凡産妊皆謂之娩生子齊均義不可曉一切經音義卷一引同今本則傳譌已久

姐 蜀謂母曰姐淮南謂之社从女且聲

濤案玉篇引作蜀人呼母曰姐葢古本如是今本奪人字謂字亦涉下句而誤

妭 婦人美也从女犮聲

濤案玉篇引作美婦也小徐本同葢古本如是廣韻十三末引作婦人美兒義得兩通

奴 奴婢皆古之辠人也周禮曰其奴男子入于辠隸女子入于舂藳从女从又𠈈古文奴从人

濤案初學記卷十九人部引男入罪曰奴女入罪曰婢葢古本引周禮上尚有此二語今本為二徐妄刪

媊甘氏星經曰太白上公妻曰女媊女媊居南斗食厲天下祭之曰明星从女前聲

濤案廣韻五支引不重女媊字是本許書

娥帝堯之女舜妻娥皇字也秦晉謂好曰娙娥从女我聲

濤案史記外戚世家索隱引秦晉之間謂好爲娙葢古本有之閒二字今奪小司馬書又傳寫奪一娥字

嫷南楚之外謂好曰嫷从女隋聲

濤案廣韻三十四果引作南楚人謂好曰嫷乃傳寫偶誤非古本如是玉篇及文選七啟注皆作之外可證方言曰嫷美也南楚之外曰嫷許正用之

者一切經音義卷二引姝好也色美也卷二十二同華嚴經音義上引姝色美也是古本尚有色美一解今奪

姣 好也从女交聲

濤案史記蘇秦傳索隱引姣美也美好義相近葢古本亦有如是作者

娙 長好也从女巠聲

濤案史記外戚世家索隱引作娙長也好也乃傳寫衍一也字非古本如是娙字从巠故爲體長之好不得分爲二義

孅 銳細也从女韱聲

濤案一切經音義卷九引作細銳也細銳銳細義得兩通

姽 閑體行姽姽也从女危聲

濤案文選神女賦注引姽嫿好皃蓋古本一曰以下之奪文

婧 竦立也从女青聲一曰有才也讀若韭菁

濤案文選思玄賦舒訬婧之纖腰兮注引說文曰婧姘婧也蓋古本如是訬婧乃姘好之皃非竦立之象也列女傳有管仲妾婧當亦取姘好之義

姡 面醜也从女昏聲

濤案詩彼何人斯正義引作面靦也蓋古本如是毛傳反爾雅釋言皆云靦姡也靦姡互訓今本作醜乃傳寫之誤釋文

引同今本亦是後人據今本改

嫺雅也从女閒聲

濤案文選琴賦曹子建美女詩注皆引閑雅也閑即嫺字之假借

□婁也从女臥聲

濤案篇韻皆無此字經典亦不見此字錢別駕坫曰繫傳附于部末疑張次立補之并非鍇本之舊當刪

娛樂也从女吳聲

娭戲也从女矣聲一曰卑賤名也

濤案文選上林賦娛遊往來注引娛戲也許其切是賦文乃

娭遊往來注中亦是娭字許其之切當是說文舊音其非娛可知娛自訓樂一切經音義各卷所引皆同今本

樂也从女甚聲

濤案一切經音義卷六引作妉卷二十三引作湛妉即媅字之別湛則傳寫之誤也

又案音義卷四引媅樂也嗜也卷八引媅樂也亦嗜也是古本尚有嗜也一訓卷二十三亦引嗜也

俛伏也从女沓聲一曰伏意

濤案廣韻二十七合引作意伏義得兩通

頸飾也从女賏賏其連也

濤案文選天台賦曹子建責躬詩謝惠連秋懷詩盧子諒贈劉琨詩陸士衡赴洛道中詩豫章行詩五等論等注皆引嬰繞也蓋古本一日以下之奪文

娽 隨從也从女录聲

濤案史記平原君列傳索隱引錄錄隨從之皃錄即娽字之假借蓋古本作娽娽隨從之皃也今本爲二徐妄刪

媟 嬻也从女枼聲

濤案一切經音義卷十四引嬻作黷黷即嬻字之假借字

嬖 便嬖愛也从女辟聲

濤案玉篇引作便僻也春秋傳曰賤而獲幸曰嬖蓋古本如

是嬖字从辟得聲故訓爲便辟小徐本亦作便辟今本嬖字誤愛字衍桂大令馥曰玉篇凡引左傳皆稱左氏今稱春秋傳乃說文原文

㛂 巧也一曰女子笑皃詩曰桃之㛂㛂从女芺聲

濤案一切經音義卷十五引笑皃作壯皃乃傳寫之誤

佞 巧讇高材也从女信省

濤案一切經音義卷三引佞口材也亦德之稱也論語惡夫佞者此即从女之義左傳寡人不佞不能事父兄即从仁之義卷十七引云巧諂高材曰佞爲善曰佞是也卷二十四引巧媚高材曰佞又僞善曰佞字从女从仁論語惡夫佞者此

則从女之義左傳寡人不佞不能事父兄此則从仁之義也論語云云當是說文注中語據元應所引則古本當有一曰僞善曰佞十六字惟卷三所引口材及德之稱云云與今本不同與他卷所引亦不同當必有誤小徐本作仁聲元應作从仁五經文字亦曰从仁葢古本作从仁仁亦聲大徐疑仁非聲妄改爲从信省誤矣

㜘 嬌也从女虘聲

濤案文選琴賦云或怨㜘而躊躇注引說文曰㜘嬌也子庶切或作姐古字通假借也姐子也切稽叔夜幽憤詩云恃愛肆姐注引說文曰姐嬌也繁伯休與魏文帝牋云謇姐名娼

注引說文曰嫿字或作姐古字假借也據此似古本說文嫿姐同字矣然崇賢明云嫿子庶切姐子也切則非一字葢或姐者謂賦文或通假作姐義爲嫿非謂說文以姐爲嫿之或字也故幽憤詩正文作姐卽以嫿字之解釋之繁殘當本作謇嫿注中嫿字下奪嬌也二字云字或作姐者亦謂蕭選本或有作謇姐字也姚尚書乃以嫿爲姐之異文誤矣

姸 技也一曰不省錄事一曰難侵也一曰惠也一曰安也从女研聲讀若研

濤案文選文賦注引姸慧也葢古本作慧不作惠小徐本亦作慧今本乃傳寫爲聲近之誤

姎 女人自稱我也从女央聲

濤案後漢書西夷傳注通典一百八十七邊防廣韻三十七蕩御覽七百八十五四夷部皆引作女人自稱姎我也葢古本如是姎字句絶今本奪此字非段先生曰姎我聯文猶吳人自稱阿儂亦恐未然爾雅釋詁釋文引女人稱我曰姎可證

嬈 苛也一曰擾戲弄也一曰嬥也从女堯聲

濤案一切經音義卷六卷二十二卷二十三引嬈擾戲也是古本戲下無弄字今本擾戲弄三字語頗不詞音義卷十四引同今本疑後人據今本改卷二十一引并無戲字亦非

嫫 嫫母都醜也从女莫聲

濤案玉篇引都作鄙仍傳寫之誤桂大令曰都醜卽新序所謂極醜無雙都者大也一切經音義卷十二引嫫醜者也乃檃括非全文

孃煩擾也一曰肥大也从女襄聲

濤案一切經音義卷七引恇孃煩擾也恇乃涉標題而衍下文又云經文從心作懹懹非此義則此引自釋孃非釋恇

姅婦人汙也从女半聲漢律曰見姅變不得侍祠

濤案史記五宗世家索隱引女汙也葢古本亦有如是作者義得兩通

嬼有所恨也从女畱聲今汝南人有所恨曰嬼

濤案玉篇及一切經音義卷十三廣韻三十二皓皆引作有所恨痛也葢古本有痛字小徐本亦有之今本誤奪

媿 慙也从女鬼聲愧或从恥省

濤案玉篇云聭說文與媿同慙也是古本重文作聭不作愧省心非省耳也今則愧行而聭廢矣

補 嬉

濤案一切經音義卷七文選洞簫賦鵾鷄琴賦等注皆引嬉樂也是古本有嬉篆今奪

補 免

濤案此字通用本書偏旁亦屢見則不得無此字大徐概以

爲綏省非也段先生曰當从爪女與安同意

毋部

毋止之也从女有奸之者凡毋之屬皆从毋

濤案禮曲禮釋文云毋音無說文云止之詞其字从女內有一畫象有姦之形禁止之勿令姦古人云毋猶今人言莫也書大禹謨正義引說文云毋止之也其字从女內有一畫象有姦之者禁止令勿姦也古人言毋猶莫陸孔所引大致相同葢古本如是今本爲二徐刪削不可通矣詩谷風正義引云毋从女象有姦之者禁令勿姦角弓正義引云毋止之也从女象有姦之者言止其奸而稱毋檀弓正義引毋從女有

人從中欲干犯故禁約之雖皆節引而較今本爲詳備然檀弓正文云爾以人之母嘗巧而冲遠以母字訓解釋之誤矣又案儀禮士昏禮疏曰許氏說文毋爲禁辭士相見禮疏曰說文云毋蓋亦禁辭語雖隱括然可見古本說解中必有禁字矣

毐人無行也从士从毋賈侍中說秦始皇母與嫪毐淫坐誅故世罵淫曰嫪毐讀若娭

濤案漢書五行志注師古曰許愼說以爲嫪毐士之無行者是小顏所據本人無行作士無行毐字从士則今本作人者誤

民部

氓 民也从民亡聲讀若盲

濤案玉篇尙有詩云氓之蚩蚩六字當亦許君稱經語而今本奪之

丿部

乂 芟艸也从丿从乀相交刈乂或从刀

濤案汗簡卷下之一刈乂出演說文其篆體雖有上下左右之不同而从乂从刀則一疑許書本無此重文後人據庾氏書竄入耳

氏部

氏巴蜀名山岸脅之旁箸欲落墮者曰氏氏崩聲聞數百里象形乀聲凡氏之屬皆从氏楊雄賦響若氏隤

濤案御覽五十六地部引旁箸作堆傍蓋古本如是小徐本亦有堆字漢書楊雄傳注阺音氏巴蜀人名山旁堆欲墮落曰阺當作氏正本許書則不可無堆字御覽無名字墮字乃傳寫偶奪氏作坻古今字

氒木本从氏大於末讀若厥

濤案六書故云蜀本作大於本大於末大於本義不可曉小徐本作从氏而大於末也亦不可解段先生以爲當从氏丅古文下字本大於末也亦無所據此當闕疑

戈部

戟 有枝兵也从戈倝周禮戟長丈六尺讀若棘

濤案一切經音義卷十引作有枝兵器也器字乃傳寫誤衍兵卽兵器言兵不必更言器矣御覽三百五十二兵部廣韻二十陌所引皆同今本

賊 敗也从戈則聲

濤案廣韻二十五德引作則也乃因說文此字从則傳寫之誤耳

戲 三軍之偏也一曰兵也从戈䖒聲

濤案御覽卷四百六十六人事部引戲弄也葢古本又有此

一解今奪

或 邦也从口从戈以守一一地也域或又从土

濤案華嚴經序音義引域封也邦封古通字

戡 刺也从戈甚聲

濤案文選李少卿答蘇武書功難堪矣注云說文作戡戡勝也是古本尚有一曰勝也四字

戢 藏兵也从戈咠聲詩曰載戢干戈

濤案一切經音義卷四卷十七卷二十皆引作藏兵器也器字誤衍說詳戟字下音義卷八卷十一卷十八引作藏也乃節取非完文

戉部

戉 斧也从戈乚聲司馬法曰夏執玄戉殷執白戚周左杖黃戉右秉白髦凡戉之屬皆从戉

濤案御覽六百八十儀式部書顧命釋文續漢書輿服志注一切經音義卷二廣韻十月皆引作大斧也是古本有大字小徐本亦有之大唐類要百三十五功部引黃戉作黃戲戈部戲兵也淺人不知戲爲兵器遂妄改作戉覯所引司馬法夏殷周兵各不同則作戲爲是而御覽廣韻亦皆誤作黃戉矣

又案音義卷二云鉞斧古文戉同說文戉大斧也一云鉞鑕

也音橫大鉹也今說文以鉞爲詩鑾聲鉞鉞字初無鐬與大

鉹之訓據元應書似鉞爲戉之重文鉞从戉聲與呼會切聲

不相近經文从歲則得聲矣疑二徐本奪去鐬字遂將戉字

重文移改于金部耳

我部

我 施身自謂也或說我頃頓也从戈从𠂹𠂹或說古垂字一

曰古殺字凡我之屬皆从我 𢦓古文我

壽棠玉篇引施身自謂句下尚有易曰我有好爵六字當亦

許君稱經語而今本奪之

亅部

珡禁也神農所作洞越練朱五弦周加二絃象形凡珡之屬皆从珡𨪐古文琴从金

濤案汗簡卷下之一引說文琴字作𨪐作𨪐是今本古文尚奪其一玉篇古文亦有二體而篆法微不同

瑟庖犧所作弦樂也从珡必聲𤦪古文瑟

濤案汗簡所引說文尚有𨪐篆是今本古文亦奪其一

乚部

直正見也从乚从十目𥃳古文

濤案汗簡卷下之一引演說文直字作𥃳是庾氏書古文如此

亾部

望出亡在外望其還也从亡朢省聲

濤案廣韻四十一漾引無出亡二字乃節引非完文

無亾也从亾無聲无奇字無通於无者虛無道也王育說天屈西北爲无

濤案易乾卦釋文云无說文云奇字無也通於元據雅雨堂本者虛无道也王述說天屈西北爲无盧古本如是毛初刻亦作元後乃改作无誤也王育王述非一人通釋云如王述說則小徐本亦作述今本乃涉爲无諸訓解而誤耳

匸部

匧藏也从匚夾聲篋匧或从竹

濤案文選應休璉百一詩任彥昇出郡傳舍哭范僕射詩謝惠連擣衣詩等注皆引篋笥也葢古本如是篋之訓笥經籍中不一而足今本爲二徐妄改

匡飯器筥也从匚㞷聲筐匡或从竹

濤案御覽七百六十器物部引筐飯器也非傳寫奪字葢古本當如小徐本作飯器也筥也

㔶小桮也从匚贛聲⿰木贛㔶或从木

濤案御覽七百五十九器物部引桮㔶小杯也乃傳寫衍一杯字

匵匣也从匚賣聲

濤案御覽七百十三服用部引匵櫝也匣也蓋古本尚有匵也一訓櫝即匵字之別匣匵皆訓為匵故匵兼二義也

曲部

曲象器曲受物之形或說曲蠶薄也凡曲之屬皆从曲古文曲

濤案漢書周勃傳注引葦薄為曲也蓋古本蠶下多一葦字

又案初學記器用部引曲受物之形也乃傳寫誤奪

甾部

畚𠚊屬蒲器也所以盛穜从甾弁聲

濤案蒲器詩卷耳釋文正義皆引作草器蓋古本如是左氏宣二年襄八年傳正義仍引作蒲器而所以盛種作可以盛糧乃傳寫之誤

⿸虍甾垂也从甾虍聲讀若盧同⿰甾盧篆文⿸虍甾鑪籀文⿸虍甾

濤案廣韻十一模引⿸虍甾瓶也與韻會所引小徐本同蓋古本如是

瓦部

甍屋棟也从瓦夢省聲

濤案左氏襄二十八年傳正義引甍棟梁也蓋古本亦有如是作者義得兩通

瓵 甌瓿謂之瓵从瓦台聲

濤案史記貨殖傳索隱引瓵瓦器受斗六合與今本不同集解引孫叔然說亦如是或索隱本引叔然爾雅注傳寫誤爲說文

瓨 似罌長頸受十升讀若洪从瓦工聲

濤案汗簡卷下之一引說文㼧字作[illegible]今說文無㼧而瓨爲正字非古文疑古本正字作㼧从瓦江聲古文則从工二徐本誤以重文爲正字耳

瓴 瓮似缾也从瓦令聲

濤案史記高祖紀集解晉灼許慎云瓴甕似瓶者甕即瓮字

之俗御覽七百五十八器物部引瓴形似瓴形亦瓫字之誤
今本蓋奪一者字

蹈瓦聲从瓦耎聲
濤案一切經音義卷十一引作蹈瓦聲躐躐也段先生曰躐躐當作㼽㼽通俗文瓦破聲曰㼽玉篇㼽㼽蹋瓦聲今本奪此三字誤小徐本作蹈瓦㼽也蓋傳寫奪聲㼽二字

破也从瓦卒聲
濤案廣韻十八隊引破作碎義得兩通

弓部

弓無緣可以解轡紛者从弓耳聲 或从兒

濤案䜌紛御覽三百四十七兵部引作驂觚乃傳寫之誤弭

可解䜌紛見毛詩傳箋

弲角弓也洛陽名弩曰弲从弓肙聲

濤案詩角弓釋文曰觲說文作弲音火全反則此解古本當有詩曰弲弲角弓上六字今二徐本奪轉竄于角部觲字之下引詩觲觲角弓誤矣

彀張弩也从弓殸聲

濤案一切經音義卷十上六文選射雉賦及七命注皆引作張弓弩也則古本尚有弓字詩行葦正義引作張弓也釋文張弓曰彀乃節取張弓之義非所據本不同也御覽　兵部

并無張字則傳寫有奪矣

彈 行丸也从弓单聲

濤案汗簡卷下之一尚有古文[illegible]字今奪

彉 弩滿也从弓黃聲讀若郭

濤案御覽三百四十八兵部引彍滿弓也彍即彉字之別體

弓乃弩字之誤玉篇引作滿弩也弩滿滿弩義得兩通

補 彆

濤案詩采薇云象弭魚服箋云弭弓反彆者釋文曰彆說文方血反正義曰說文云彆方結反云弓戾也是古本有彆篆當補彆玉篇作𢐀

若欲翻書、勿以爪掐。若欲看書、勿以手壓。掐則痕多。壓則汙塌。不可摩擦、擦則糢糊。不可捲折、折則痾瘻。不可亂點。不可狂塗。識者所笑。馬牛襟裾。書貴齊整。不宜散亂。部正行勻。秩然可玩。書貴齊修。不宜齷齪、潔淨精良。人生一樂。即不常讀、亦可常翻。讀之養心。翻者怡顏。書有廉隅。書有文飾。彼讀書者、自宜愛惜。不讀書者、亦宜惜書。雖無他智。即此非愚。予亦有書、百千萬卷。不汙不壓。不折不捲。君欲讀書、奉贈此法。予言或然。幸垂笑納。

（魏善伯詩）

糸部

繭 蠶衣也从糸从虫黹省絸古文繭从糸見

濤案六書故引唐本从芇則今本从黹省者誤也五經文字曰从虫从芇芇音綿蓋古本無不如是作者

繅 繹繭爲絲也从糸巢聲

濤案禮祭義釋文引作抽繭出糸也蓋古本亦有如是作者御覽八百二十五資產部引同今本本部繹訓抽絲義得兩通

絓 繭滓絓頭也一曰以囊絮練也从糸圭聲

濤案御覽八百十九布帛部引絓一曰牽繭蓋古本尚有此四字釋名釋系云幕絡絮也或謂之牽離煮孰爛牽引使離散如緜然也牽離即牽繭

經 織也从糸巠聲

濤案御覽八百二十六資產部引經織從絲也蓋古本如是以下文緯織橫絲例之則二字不可少從與縱同

織 作布帛之總名也从糸戠聲

濤案御覽八百二十六資產部引作作帛總名也蓋古本無布之二字古人布以麻績非用絲織今本乃後人妄改廣韻二十四職引亦有布字乃後人據今本改也

紀 絲別也从糸己聲

濤案詩棫樸正義引作別絲也蓋古本如是今本二字誤倒正義又引云紀者別理絲縷當是說文注中語左氏僖二十四年正義引同今本疑後人據今本改

紡 網絲也从糸方聲

濤案六書故云蜀本作拗絲拗絲義不可曉說文亦無拗字段先生據聘禮鄭注定爲紡絲然以紡釋紡許書無此例疑今本網字爲是網絲猶言結絲楚詞湘夫人注罔結也紡緝絲麻皆縱橫相結而成猶網之結繩耳正不必據鄭以改許也

紹 繼也从糸召聲一曰紹緊糾也 𦀡 古文紹从邵

濤案汗簡卷下之一廣韻三十小皆引作⿰糸邵玉篇亦云⿰糸邵古文紹葢古本古文篆體作⿰糸邵故說解云古文紹从邵若如今本則當云从邵省矣一切經音義卷二云邵古文⿱邵糸同當是⿱邵糸字傳寫之誤

紆 詘也从糸于聲一曰縈也

濤案一切經音義二十一文選北征賦注謝元暉敬亭山詩注皆引作屈也屈詘聲相近義得兩通

級 絲次第也从糸及聲

濤案文選顏延年陶徵士誄注引級次第也乃節取次第之義非古本無絲字也廣韻二十六緝引第作序義得兩通

總 聚束也从糸悤聲

濤案史記夏本紀索隱引作聚束草也較今本多一艸字總字从糸不應專訓束艸艸字當是誤衍漢書平帝紀集注聚束曰總正用說文不得疑古本有艸字

繚 纏也从糸尞聲

濤案華嚴經音義上引繚纏也謂周匝纏繞也下六字當是庾氏注中語一切經音義卷六引繚繞也纏也謂相纏繞也謂下五字亦注語是古本尚有繞也一訓楚辭怨思曰腸紛紜以繚轉兮注繚繞也與許解正合

又案文選琴賦注引繚纚也纚爲連屬之義繚不應有纚訓

疑卽繞字之誤

辮交也从糸辡聲

濤案後漢書張衡傳注引作交織也葢古本如是今本奪織字誤一切經音義卷十八引作交織之也之字疑衍卷十五引作交辮也更誤又卷十四及文選思元賦注皆引辮交也乃節取非完文廣韻二十七銑則後人據今本改矣

絿急也从糸求聲詩曰不競不絿

濤案詩絲衣釋文云俅說文作絿葢古本偁詩作載弁絿絿二徐以今本毛詩絲衣不作絿遂妄改如此

繒帛也从糸曾聲𦅆籀文繒从宰省揚雄以爲漢律祠宗廟

冊書告

濤案一切經音義卷二引繒帛也謂帛之總名曰繒也華嚴經音義下引繒帛也音義上一引繒謂帛之總名也卷三十二音義上引繒謂帛之總名謂帛之總名云云當是庾氏注中語所以釋許君訓繒爲帛之意下文綃繒也綺文繒也縑并絲繒也練湅繒也紬大絲繒也縩擻繒也縵繒無文也則所謂帛之總名矣

綺文繒也从糸奇聲

濤案華嚴經音義上引帛有邪文曰綺也此亦庾氏注語釋許君訓綺爲文繒之意一切經音義卷二十一亦引有文曰

綺

縠細縛也从糸殸聲

濤案御覽八百十六布帛部引作細繒也蓋古本如是上下文皆言繒則今本作縛者誤

縳白鮮色也从糸專聲

濤案周禮內司服釋文引無白字乃傳寫誤奪非古本如是儀禮聘禮釋文引有白字可證

縑并絲繒也从糸兼聲

濤案龍龕手鑑引無并字乃傳寫偶奪

綈厚繒也从糸弟聲

濤案御覽八百十六布帛部引綈赤黃色也葢古本一曰以下之奪文

縵 繒無文也从糸曼聲漢律曰賜衣者縵表白裏

濤案一切經音義卷六引縵繒帛無文者也葢古本如是今本刪帛者二字語氣不完

繡 五采備也从糸肅聲

濤案文選文賦注引作五色備也是古本多一色字今奪

絢 詩云素以爲絢兮从糸旬聲

濤案九經字樣⿰糸筍絢上說文从筍聲下經典相承隸省是古本作⿰糸筍不作絢偁詩亦當作⿰糸筍今本乃後人以經典通用字

易之

繪會五采繡也虞書曰山龍華蟲作繪論語曰繪事後素从糸會聲

濤案一切經音義卷二十一引五采曰繪乃節引非完文

䋛繡文如聚細米也从糸从米米亦聲

濤案廣韻十一薺引無細字蓋古本如是今本細字誤衍

絹繒如麥稍从糸肙聲

濤案御覽八百十六布帛部引作絹似霜語不明了蓋傳寫有奪誤

縹帛青白色从糸票聲

濤案文選笙賦注引無帛字乃傳寫偶奪非古本如是

纁 淺絳也从糸熏聲

濤案爾疋釋器釋文引纁淺絳色蓋古本也上有色字

縉 帛赤色也春秋傳曰縉雲氏禮有縉緣从糸晉聲

濤案後漢書蔡邕傳注引縉赤白色也蓋古本作帛赤白色也今本奪一白字章懷所引又節去帛字南都賦注引瓚云赤白色玉篇亦云帛赤白其爲今本奪白字無疑

緹 帛丹黃色从糸是聲紙緹或从氏

濤案一切經音義卷三卷八引丹作赤義得兩通御覽二百五十二職官部引作帛黃色也乃傳寫奪一丹字

縓帛赤黃色一染謂之源再染謂之經三染謂之纁从糸原聲

濤案尔疋釋器釋文引作帛黃赤色蓋古本如是今本誤倒一字

紺帛深青揚赤色从糸甘聲

濤案文選藉田賦注引作染青而揚赤色也一切經音義卷六引作白染青而揚赤色蓋古本深字作染今作深者形近而誤而也二字亦不可少少則詞氣不完音義十四引染亦誤作深文選鸚鵡賦注引深青而揚赤并奪色字七命注引有色字奪揚字

綥帛蒼艾色从糸畀聲詩縞衣綥巾未嫁女所服一曰不借

綦綥或从其

濤案詩出其東門正義引綦蒼艾色也乃沖遠節引非古本
無帛字禮玉藻正義引并節去色字

縟繁采色也从糸辱聲

濤案文選西京賦月賦劉越石答盧諶詩七啟等注後漢書
延篤傳注所引色皆作飾是古本作飾不作色景福殿賦長
笛賦注引奪繁字而色亦作飾惟文賦注及王文憲集序注
作色乃校書者據今本妄改

纓冠系也从系嬰聲

濤案後漢書楊標傳注引系作索蓋傳寫之誤文選七啟注一切經音義卷十七引皆作系可證

緄織帶也从系昆聲

濤案後漢書南匈奴傳注文選七啟注皆引作織成帶也則今本奪成字

組綬屬其小者以爲冕纓从系且聲

濤案文選七啟注引云組綬屬也小者以爲冠纓是古本屬下有也字冕作冠荐禰衡表注引云組綦小者爲冠嬰綦乃其字之誤蓋禰表注節去綬屬也三字七啟注又節去其字

耳而作冠不作冕則二注相同可見今本之誤御覽八百十九布帛部引無冕字葢本作冠校者疑冠字爲誤而去之續漢書輿服志注引作冕乃後人據今本改謝元暉敬亭山詩注引組綬也傳寫奪一屬字

緺綬紫青也从糸咼聲

濤案後漢書南匈奴傳注引作紫青色也御覽六百八十二儀式部引作紫青色綬也葢古本當作綬紫青色也今本奪色字章懷所引節綬字御覽又誤倒綬字在色字下耳

纂从組而赤从糸算聲

濤案後漢書帝紀注臣瓚引許愼纂赤組也葢古本如是今

本義雖可通而非許氏原文矣

綸 青絲綬也从糸侖聲

濤案文選西都賦注顏師古急就篇注漢書景帝紀注後漢書班彪傳注御覽八百十九布帛部皆引綸糾青絲綬也是古本有糾字段先生曰糾三合繩也糾青絲成綬是爲綸郭璞賦云青綸競糾正用此語後漢書仲長統傳注廣韻二十八山引同今本乃後人據二徐本改

繐 細疏布也从糸惠聲

濤案一切經音義卷八引云繐蜀白細布也凡布細而疏者謂之繐玉篇廣韻皆以繕爲繐之重文葢古本如是二徐乃

爲二字以蜀白細布之訓屬之於縛以細疏布之訓屬之於繐誤矣御覽八百二十布帛部引繐蜀布也奪去白細二字而字亦作繐可見古本繐縛之不得爲一字矣

纗維網中繩从糸巂聲讀若畫或讀若維

濤案文選思元賦注引無維字蓋傳寫偶奪又引繫韓曰纗則古本一曰以下之奪文矣

綱維紘繩也从糸岡聲古文綱

濤案詩棫樸正義引作綱紘也蓋古本如是孔穎達云紘者綱之大繩言紘不必更言繩矣今本誤左傳僖二十四年正義廣韻十一唐引同今本乃後人據今本改

綅 絳綫也从糸侵省聲詩曰貝冑朱綅

濤案詩閟宮釋文正義皆引作綫也是古本無絳字朱綅乃爲絳綫若綅即是絳不必更言朱矣

縫 以鍼紩衣也从糸逢聲

濤案御覽 資產部引縫綴也疑古本一曰以下之奪文

紩 縫也从糸失聲

濤案一切經音義卷十一引紩縫衣也葢古本有衣字上文縫以鍼紩衣也縫爲紩衣紩爲縫衣正合互訓之例

徽 衺幅也一曰三糾繩也从糸微省聲

濤案後漢書西羌傳注引徽糾繩也乃傳寫奪三字非古本無之易坎卦係用徽纆正義引劉注曰三股爲徽又案文選西征賦解頳鯉於黏徽注引說文曰徽大索也今本大索之訓爲纍字之一解案廣雅釋器徽索也易坎卦虞注徽纆黑索也則徽亦訓索蓋古本此篆亦有大索之一解今奪

䋫紆未縈繩一曰急絃之聲从糸爭聲讀若旌

濤案六書故引蜀本作紓縈索也紓乃紆字傳寫之誤繩索義得兩通古本當作紆木縈繩也儀禮士喪禮陳襲事於房中而領南上不綪注曰綪讀爲䋫屈也江沔之閒謂縈收繩

索爲綍則不得謂末縈繩儀禮士喪禮釋文一切經音義卷十五引綍縈繩也雖皆節取非完文可見今本末縈之解爲謬戾矣

縋 以繩有所縣也春秋傳曰夜縋納師从糸追聲

濤案一切經音義卷十八引懸下有鎭字葢古本如是縣而鎭之方謂之縋此字必不可奪

編 次簡也从糸扁聲

濤案後漢書蘇竟傳注引編次也乃節取非完文

紖 牛系也从糸引聲讀若矤

濤案一切經音義卷十四引作牛索也葢古本如是五經文

字亦云紖牛索也則知今本作系者誤

紲系也从糸世聲春秋傳曰臣負羈紲緤或从枼

濤案左氏僖二十四年釋文詩小戎正義引系作繫僖二十四年正義引系作係皆通用字

綆級井綆也从糸更聲

濤案一切經音義卷二引綆作繩蓋古本如是級井之繩謂之綆訓解中不得再言綆字文選王仲宣詠史詩注引同今本乃後人據今本改

繳生絲縷也从糸敫聲

濤案詩采綠正義引繳生絲縷也謂以生絲爲繩也女曰雞

鳴正義引謂生絲爲繩也文選文賦注引繳生絲縷也謂縷繫矰矢而以弋射謂以下云云皆庾氏注中語左氏哀七年正義引無縷字乃傳寫偶奪

纊 絮也从糸廣聲春秋傳曰皆如挾纊絖纊或从光

濤案一切經音義卷一華嚴經音義下皆引作綿也綿絮義得兩通他卷皆同今本御覽八百十九布帛部引纊絮縕也葢古本亦有有一縕字者

又案一切經音義卷一尙有絮之細者曰纊六字葢古本有之今奪

絮 絜縕也一曰敝絮从糸奴聲易曰需有衣絮

濤案易旣濟釋文公羊昭二十年釋文御覽八百十九布帛部皆引作縕也是古本無絜字儆絮公羊釋文引作儆絮亦古本如是宋本正作敝絮

紵 檾屬細者爲絟粗者爲紵从糸宁聲䊵紵或从緒省

濤案一切經音義卷十四引作細者爲絟布白而細曰紵蓋古本如是絟爲細布紵則尤白而細者古樂府有白紵歌紵不得爲粗布也今本乃淺人妄改

又案汗簡卷下之一䊵紵見說文是古本尙有此重文今奪

縕 紼也从糸𥁕聲

濤案一切經音義卷十二引縕紼亂麻也是古本尙有亂麻

二字韻會十二文引一曰亂麻蓋小徐本如是

綏車中把也从糸从安

濤案玉篇引把作靶蓋古本如是廣韻釋 靶謂之綏正本

許書則今本作把者誤

彝宗廟常器也从糸糸綦也廾持米器中實也彑聲此與爵

相似周禮六彝雞彝鳥彝黃彝虎彝蜼彝斝彝以待祼將之禮

[illegible] 古文彝

濤案汗簡卷上之二引說文彝字作[illegible]是古本篆體不作[illegible]

也郭氏載在丝部自當从丝丝从廾今本微誤

補 綏

濤案黹部𪓐从黹綷省聲是本書有綷字今奪玉篇綷周也
桂大令曰周當爲同方言綷同也

絲部

轡馬轡也从絲从叀與連同意詩曰六轡如絲
濤案廣韻六至云轡說文作𢇍是古本不从叀段先生曰此
葢陸法言孫愐所見說文如此而僅存焉以絲運車猶以扶
輓車故曰與連同意祇應从車不煩从叀也五經文字亦从
叀不从車此六朝本之所以勝於唐本

虫部

虫一名蝮博三寸首大如擘指象其臥形物之微細或行或

毛或蠃或介或鱗以虫爲象凡虫之屬皆从虫

濤案尒疋釋蟲釋文引或行下有或飛二字蓋古本如是今本奪象其臥形作象其形乃傳寫奪一臥字又釋魚釋文引擘下無指字史記田儋列傳正義同張氏又申之云擘大指也其爲古本之無指可知

蝘在壁曰蝘蜓在艸曰蜥易从虫匽聲𧖮蝘或从䖵

濤案一切經音義卷二十云蝘蜓烏典反下徒典反說文守宮在壁曰蝘蜓在艸曰蜥蜴下文蜓蝘蜓也蝘蜓二字連文不容單訓二徐刪去蜓守宮三字誤矣荀子賦篇注亦引蝘蜓守宮四字

又案御覽　蟲豸部引在草曰蜥蜴下尚有蜥蜴守宮
也五字可見古本此解內皆有守宮二字也

螟　蟲食穀葉者吏冥冥犯法即生螟从虫冥聲又螟蛉
濤案詩大田釋文吏犯法則生螟無冥冥二字乃節引非完
文埶文類聚卷一百災異部開元占經卷　穀葉作穀心與
尒疋合葢古本如是釋蟲釋文廣韻十五青引同今本乃後
人據今本改

蟘　蟲食苗葉者吏乞貸則生蟘从虫从貸貸亦聲詩曰去其
螟蟘
濤案尒疋釋蟲釋文引苗葉作艸葉葢傳寫之誤

蛭 蟣也从虫至聲

濤案尒疋釋魚釋文引云今俗呼爲馬蜞亦名馬耆郎楚王食寒葅所得而吞之能去結積也葢古本有此數語則知許氏之書爲二徐妄刪者正不少矣

蛓 毛蟲也从虫𢦏聲

濤案尒疋釋蟲釋文御覽九百五十一蟲豸部引截毛蟲也讀若笥是古本尚有讀若笥三字今奪

蜀 葵中蠶也从虫上目象蜀頭形中象其身蜎蜎詩曰蜎蜎者蜀

濤案尒疋釋蟲釋文云蠋音蜀說文云桑中蟲字也字字乃

亢朗所足蓋古本作桑中蟲不作葵中蠶詩東山曰蜎蜎者蠋蒸在桑野傳曰蠋桑蟲也蠋卽蜀字之俗廣韻三燭引作葵中蟲也蟲字未誤而葵字已誤殆後人據今本改歟玉篇亦云蜀蟲也

蠖 尺蠖屈申蟲也从虫蒦聲

濤案御覽九百四十八蟲豸部引屈申作屈信並注云信音申是古本作屈信不作屈申今本乃淺人所改一切經音義卷九卷二十四皆引無尺蠖二字亦古本如是

蛾 羅也从虫我聲

螘 蚍蜉也从虫豈聲

濤案蚰部䖸為䖸之或體大徐以為重出者是也尔疋釋蟲

釋文云䖸本又作蛾說文同䖸指蚰部之䖸也又云螘本亦

作蛾俗作蟻字音同說文蟻羅也蟻或作義蛾蠶化飛蛾也

並非螘字是古本虫部無蛾然釋文傳寫亦有誤當作說文

螘羅也蟻或从義蓋古本羅為螘之正訓蚍蜉為螘之一訓

蟻為螘之重文二徐所見本蟻字俗為蛾遂妄分為二字以

羅與蚍蜉分屬二字之下誤矣

蚳 螘也从虫氏聲

濤案汗簡卷下之二⿰阝全蚳見說文是古本此字尚有重文今

奪

蟷　蟷蠰不過也从虫當聲

蠰　蟷蠰也从虫襄聲

蜋　螳蜋也从虫良聲一名蚚父

濤案御覽九百四十六蟲豸部引螳蜋不過也一名蟷蠰一名蚚父此蓋傳寫有誤不足釋蟲云不過蟷蠰注云螳蜋別名又云莫貈螳蜋蛑注云螳蜋有斧蟲江東呼爲石蜋蓺文類聚九十七蟲豸部引王瓚問曰不足莫貉螳蜋同類物也今沛魯以南謂之蟷蠰三河之域謂之螳蜋燕趙之際謂之食肬齊濟以東謂之馬敫邵編修晉涵以爲鄭志之文許書無螳字螳即蟷字之別蜋當爲蠰之重文古本蓋當作蟷

蠰不過也一名蟷蜋一名蚚父蠰蟷蠰也蜋蠰或作頁今本誤蟷爲堂又以一名蚚父在蜋字之下失許書之例

又案蚚父尓疋釋蟲釋文引作斫父葢傳寫之誤淮南訓注云蟷蜋世謂之天馬一名齕肬兗豫謂之巨斧巨斧蚚父一聲之轉可證作斫之誤

蛢 蟜蝗以翼鳴者从虫幷聲

濤案御覽九百五十一蟲豸部引蛢蟜蟥也是古本不作蝗宋小字本亦作蟜蟥

又案尓疋釋蟲蛂蟥蛢注云江東呼爲黃蛢疏云蛂一名蟥蛢錢詹事云說文蛢蟜蝗以翼鳴者攷工記以翼鳴者鄭注

發皇屬發皇卽尗疋之蚑蟥也古書从犮與从發之字多相通此亦以發皇爲蚑蟥蟥皇音同蚑蟥一名蚌注疏斷句非是濤謂許書之蟠蟥亦卽尗疋之蚑蟥攷工記注之發皇蟠蚑聲相近古从皇从黄之字每相通今本作蝗義得兩通矣

䗐姑螌強蛘也从虫施聲

濤案尗疋釋蟲釋文云蜱郭音芊乜婢反本或作芊說文作羊字林作蛘弋丈反云搔蛘也是古本作強羊不作強蛘許讀尗疋與郭異也宋本作强芊亦誤

蜆縊女也从虫見聲

濤案六書故云說文蜀本曰蜆爲蝶是也唐本曰卽爾字蜀

本乃李陽冰廣說文語鄭樵尒疋注亦引說文云蜆爲蝶也
疋用蜀本本書糸部繭重文絸从糸从見據此則唐本當从
虫从見所云卽繭字者謂繭之重文耳尒疋釋蟲釋文蜆下
顯反字林下研反下硏卽繭字之音呂氏葢本說文
又案汗簡卷下之一引說文繭作絸與今本同葢古本或从
糸或从虫本有二體今本誤奪其一耳

蝌 渠蝌一曰天社从虫却聲

濤案御覽九百四十六蟲豸部引蜣蜋一曰天柱說文無蜣
字玉篇以蝍蜣爲一字是古本渠蝌作蝍蜋御覽作蜣蜋者
以通用字易古字也御覽又引廣雅云天柱蜣蜋也注云一

作天社今本廣雅作天社廣韻　云蛚天社蟲也則作社
者是柱與杜皆形近而誤

蚩蟲也从虫之聲

濤案文選阮嗣宗詠懷詩注古詩十九首注皆引蚩笑也蚩
即蚩字之俗是古本有一曰笑也四字今奪玉篇亦云蚩笑
也

蟠鼠婦也从虫番聲

蟅蟲也从虫庶聲

濤案御覽九百四十九蟲豸部引蟠蟅鼠婦也是古本蟠下
有蟅不足釋蟲云蟠鼠負廣雅釋蟲云負蠜蟅也玉篇云蟅

鼠婦負蠜也是鼠婦或謂之蟠或謂之蟅又或謂之負蠜許
書蝨本作蟠蟅鼠婦也蟅蟠蟅也二字相次二徐於蟠篆解
妄刪蟅字又以蟅篆次於蝑蝗之間誤矣

蛜 蛜威委黍委黍鼠婦也从虫伊省聲

濤案御覽九百四十九蟲豸部引不重委黍又鼠婦作鼠負
蝨古本如是尒疋蟠鼠負正作負字負婦聲相近得相通假
而正字則當作負此蟲一名負蠜明非婦女之婦也解中蛜
字亦衍二徐不如篆文連注讀而妄增之又从伊不省更誤
矣御覽引陶宏景本艸經云俗言鼠多在孔中背則負之今
本作婦字如似乖理是蟠字解亦當作負

蜙 蜙蝑以股鳴者从虫松聲蚣 蜙或省

濤案詩　釋文云揚雄許愼皆云舂黍則古本當有舂黍也三字今奪

蝗 螽也从虫皇聲

濤案開元占經一百二十引尙有旱氣動陽象至六字今奪

蟬 以旁鳴者从虫單聲

濤案初學記三十蟲部引蟬膀鳴也是古本作膀不作旁也乃者字之譌又傳寫奪以字蟬鳴在翅今俗猶言翅膀據此知攷工記旁鳴字不作平聲讀

⿰虫𡨄 螶⿰虫𡨄也一日蜉蝣朝生莫死者从虫𡨄聲

濤案一曰蓺文類聚九十七蟲豸部御覽九百四十五蟲豸部引作一名蓋古本如是蜉蝣卽螶蟟非通異訓也類聚引卽蟟蟟字螶也不云螶蟟朝生莫死者類聚作蓋朝生暮死義得兩通

又案類聚九十七蟲豸部引蜉蝣秦晉之間謂之渠略似古本有蝣篆矣古本當作蟟螶也一曰蜉蝣朝生莫死者秦晉之間謂之渠略今二徐刪去秦晉一語而以螶蟟作爲訓釋誤矣

蠇秦晉謂之蠇楚謂之蚊从虫萬聲

濤案文選枚叔上書重諫吳王注後漢書崔駰傳注御覽九

百四十五蟲豸部引皆無晉字一切經音義卷三引秦人謂之蛃楚人謂之蚊亦無晉字則今本晉字誤衍無疑御覽文引秦人謂蚊曰蛃通鑑周威烈王紀注引作字林蓋呂氏本許書爲說亦無晉字

蝡動也从虫耎聲

濤案一切經音義卷九引作亦動也亦乃元應所足

蚑行也从虫支聲

濤案文選洞簫賦注琴賦七發注七命注皆引作凡生類之行皆曰蚑是古本行也下有此八字今奪洞簫賦注行也作徐行蓋傳寫之誤

蛻蛇蟬所解皮也从虫稅省

濤案蛇蟬後漢書陽球傳注一切經音義卷十二卷十九卷二十皆引作蟬蛇蓋古本如是今本傳寫誤倒後漢書竇融傳注張衡傳注又作蟬蛻蛻字乃蛇字傳寫之誤然可見古本蟬字在上

螫蟲虫行毒也从虫赦聲

濤案一切經音義卷十卷十三引作虫行毒也卷二卷五卷十八卷二十二引作蟲行毒也所引不同蟲蓋虫之傳寫之誤古本當作虫行毒也漢書田儋傳蝮蠚手則斬手蠚足則斬足蝮即是虫今本蟲字誤衍文選西都賦注引螫行毒也

乃節引非完文

蝕敗創也从虫人食食亦聲

濤案史記孝文紀正義引日蝕則朔月蝕則望疑卽此字說解之奪文

蛟龍之屬也池魚滿三千六百蛟來爲之長能率魚飛置笱水中卽蛟去从虫交聲

濤案漢書武帝紀注蓺文類聚九十六鱗介部御覽九百三十鱗介部皆引龍屬也是古本無之字又類聚御覽引無池字當是傳寫偶奪能率魚飛類聚御覽作率魚而飛去

螭若龍而黃北方謂之地螻从虫离聲或云無角曰螭

濤案文選南都賦注引蛟螭若龍而黃乃傳寫衍一蛟字蛟螭不得爲一物也荀子賦篇注引若作如義得兩通

虯 龍子有角者从虫丩聲

濤案文選甘泉賦注引虯龍之無角者無當爲有字傳寫之誤上文無角曰螭則虯有角矣漢書相如傳張揖注亦云虯有角謝靈運登池上樓詩注亚引作虬龍有角者葢古本無子字

蜦 蛇屬黑色潛于神淵能興風雨从虫侖聲讀若戾艸 蜧 蜦或从戾

濤案文選江賦注引蜦蛇屬也又引蜧蛇屬也是古本有也

字神淵作神泉葢避唐諱改下有之中二字能興風雨作能興雲致雨皆古本如是韻會引作能興雲雨者是小徐本亦不作風

蜃 雉入海化爲蜃从虫辰聲

濤案廣韻十六軫引作雉入水所化葢古本如是今本爲二徐妄改與許書訓解之例不合月令言雉入大水亦不言入海也

蛤 蜃屬有三皆生於海千歲化爲蛤秦謂之牡厲又云百歲燕所化魁蛤一名復累老服翼所化从虫合聲

濤案尒疋釋蟲釋文引云蛤有三皆生于海蛤屬千歲雀所

化秦人謂之牡厲海蛤者從百歲燕所化也魁蛤一名復累老服翼所化也葢古本如是今本奪誤殊甚類聚九十七鱗介部亦引蛤蠣千歲鳥所化也海蛤百歲鷰所化也皆與今本不同

蝸 蝸蠃也从虫咼聲

濤案御覽九百四十七蟲豸部引蝸一曰螔蝓葢古本尚有一曰虒蝓四字螔卽虒字之別尓疋釋魚云蚹蠃螔蝓注云卽蝸牛也許君正本尓疋今本葢二徐妄删一切經音義卷二十三引蝸螺也螺卽蠃字之俗古本葢不重蝸字

蚌 蜃屬从虫丰聲

濤案文選雪賦注引蚌蜃也乃傳寫誤屬爲也蚌與蜃同類
而微別不得竟以蜃爲蚌

蠇蚌屬似螊微太出海中今民食之从虫萬聲

濤案一切經音義卷二十引無今字葢古本如是蠇爲民之所食不必分今古也無似螊微大四字乃元應所節刪民作人避唐諱

蟄藏也从虫執聲

濤案一切經音義卷十三卷十九引蟄藏也虫至冬卽蟄隱不出也獸有淺毛亦蟄熊羆等是也虫至以下二十字當是庾氏注中語卷十七十八亦引獸之淺毛若熊羆之屬亦皆

蟄也十八之屬二字作等卷十九獸有淺毛作獸之淺毛者

蟹有二敖八足旁行非蛇蟺之穴無所庇从虫解聲䲒蟹或从魚

濤案一切經音義卷十六引蟹水虫也八足二螯旁行也葢古本如是今本奪去水虫也三字非許書之例八足荀子勸學篇注引作六足乃傳寫之譌

蜮短狐也似鼈三足以气射害人从虫或聲蟈蜮又从國

濤案廣韻二十五德引三足上有有字葢古本有之今奪

蛧蛧蜽山川之精物也淮南王說蛧蜽狀如三歲小兒赤黑色赤目長耳美髮从虫网聲國語曰木石之怪夔蛧蜽

濤案文選東京賦注引罔象木石之怪疑後人據今本國語改許引以證蛧之爲蝄蜽字則當作蛧蜽不當作罔象又西京賦注引蛧蜽水神亦與今本不同

蝯 善援禺屬从虫爰聲

濤案御覽九百一十獸部引猨善援萬屬也下有小字注云萬扶沸切猨卽蝯字之別萬卽内部之禼字是古本不作禺屬矣然猨與禼不同類當是本作禺屬傳寫誤禺爲萬校書者以意添此音釋耳

又案御覽又引孝子傳曰猿萬屬也或黃或黑通胂音申輕勦善緣妙吟雌爲人所得終不徒生萬當亦禺字之誤

閩東南越蛇種从虫門聲

濤案史記東越傳索隱引無南字葢古本無之今本誤衍通典一百八十六引亦無南字蛇種作餘種乃傳寫之誤

蠥衣服歌謠艸木之怪謂之祅禽獸蟲蝗之怪謂之蠥从虫辥聲

濤案一切經音義各卷所引皆同惟卷四卷十三引無艸木二字乃傳寫偶奪茲二卷所引又有蠥災也三字疑古本有之今奪

補

蛤

濤案廣韻十六咍引蛤黑貝亦珠蛤葢古本有蛤篆今奪

補 蝣

補 蜒

濤案一切經音義十四云蚰蜒或作蝣蜒說文一名入耳是古本有蝣蜒二篆矣蝣蜒名入耳見方言許書用方言者甚多不得疑爲傳寫之誤耳

說文古本攷第十三卷下　　嘉興沈濤纂

蚰部

[篆] 蟲之緫名也从二虫凡蚰之屬皆从蚰讀若昆

濤案漢書成帝紀注引云二虫為蚰讀與昆同蟲之緫名乃小顏檃括引之非古本有異也

[篆] 齧人跳蟲也从蚰叉聲叉古爪字

濤案莊子秋水釋文引作跳蟲齧人者也義得兩通

[篆] 蠿蟊也从蚰矛聲

濤案尒疋釋蟲釋文云蝥音謀又音無說文作蟊音茅云蠿蟊蠿字之誤作網蛛蟊也以此亦為蟊蝥字又云蟊亡侯反本亦

作蛑說文作蟊蛑古蟊字云吏抵冒取民則生蟊也是古本
尙有蟊蜇一解今奪又蛑爲蟊之重文今本蟲部別出𧓍字
从蟲以蝥爲或字蛑爲古文據元朗所見本則从蚰不从蟲
與蠿蟊之蟊爲一字當是二徐妄竄也

蠭飛蟲螫人者从蚰逢聲𧒒古文省
濤案汗簡卷下之二引演說文蠭字作𧖅蠭乃蠭字傳寫之
誤據恕先所引疑許書無此重文二徐以庾氏書竄入耳
又案一切經音義卷十二引蠭螫人者也乃節取非完文廣
韻三鍾引作螫人飛蟲也義得兩通

蟁齧人飛蟲从蚰民聲𧍟蟁或从昏以昏時出也蚊俗蟁从

虫从文

濤案尔疋釋鳥釋文云說文蟁正字蚊俗字或作蜫是古本蟁之或字从虫从民不从昬也或古本有二體二徐奪其一

蠹木中蟲从䖵槖聲𧒎蠹或从木象蟲在木中形譚長說

濤案一切經音義卷八引蠹木中蟲也如白魚等食人物穿壞者也葢古本如是今本奪也如以下十二字文選齊故安陸昭王碑文注引蠹木蟲也乃傳寫奪一中字

又案汗簡卷下之二引演說文蠹字作𧒎說文从䖵之字古文皆从䖵蠭蟁等字可證此字二徐本作或體故不从䖵庾氏从䖵葢用古文體也

又案玉篇云螙古文蠹則今本作或體者誤
補 蠹
濤案尒疋釋蟲釋文云蠹說文从䖵是古本有蠹篆今奪五
經文字卷中蠹於貴反
蟲部
蟊 蟲食艸根者从蟲象其形吏抵冒取民財則生 𧖧 蟊或从
敄 䖥 古文蟊从虫从牟
濤案艸根埶文類聚卷一百災異部引作苗根與尒疋合蓋
古本如是類聚生下有蟊字尒疋釋蟲釋文同亦古本有之
今奪此字疑卽䖵部之蝨字說詳蝨字下

風部

飆扶搖風也从風猋聲颮飆或从包

濤案後漢書班固傳注文選西都賦注皆引颮古飈字是颮乃飆之古文非或體也今本誤

又案初學記　天部引飈疾風也飈即飆字之俗體是古本不作扶搖風許不必與尔疋同也飆之爲疾風屢見傳注

颯翔風也从風立聲

濤案文選風賦注引颯風聲則今本作翔風者誤廣韻亦云颯風聲也

黽部

鼈甲蟲也从黽敝聲

濤案類聚九十六鱗介部引鼈介蟲也蓋古本如是經典皆言介不言甲今本非是

二部

恆常也从心从舟在二之閒上下心以舟施恆也𠄨古文恆从月詩曰如月之恆

濤案汗簡卷中之上引說文恆作𠄨蓋古本篆體如是說解明云从月若如今本篆體則是从夕矣

補 亙

濤案汗簡二部云亙出說文是古本有亙篆顏氏家訓

篇案彌亘字从二間舟詩云亘之秬秠是也今之隸書轉舟爲日而何法盛中興書乃以舟在二間爲舟航字謬也可見六朝本皆有此字竊意恒字當从亙得聲宜在心部二徐本奪此篆遂以恒爲从心从舟在二之間妄矣

土部

土 地之吐生萬物者也二象地之下地之中丨物出形也凡土之屬皆从土

濤案五行大義釋五行名引許愼曰土者吐生者也其字二以象地之下與地之中以一直畫象物初出地也與今本微異而大旨相同然土字當从一从十不當从二說詳余十經

齊文集中據蕭氏所引則六朝本已誤矣玉篇引無萬字丨
字字通及六書故所引皆無之宋小字本亦無此二字

地　元气初分輕清陽爲天重濁陰爲地萬物所陳列也从土
也聲墬籀文地从隊

濤案大唐類要一百五十七　部引元氣初生重濁爲地萬
物所陳也一百四十九　部引物氣分清陽爲天御覽三十
六地部開元占經地占引元氣初分重濁爲地萬物所陳列
此皆徵引刪節及傳寫奪誤非古本有異同也
又案文選北征賦注引墬古文地字也是古本不作籀文

墺　四方土可居也从土奧聲坱古文墺

濤案文選西都賦注引隩四方之土可定居者也蓋古本如是今本爲二徐删節語氣不完隩卽墺字之别

坶朝歌南七十里地周書武王與紂戰于坶野从土母聲

濤案書牧誓釋文引坶地名在朝歌南七十里蓋古本如是今本義雖可通而與許書訓解之例不合矣玉篇引作武王伐紂至于坶野蓋亦古本如是

壤柔土也从土襄聲

濤案御覽三十七地部引作軟土也蓋古本有作軟者柔軟義得兩通

壚剛土也从土盧聲

濤案書禹貢釋文正義皆引作黑剛土也以垶赤剛土例之是古本有黑字今奪韻會引亦有黑字則小徐本本有之

坴 土塊坴坴也从土圥聲讀若逐一曰坴梁

濤案玉篇引不重坴字葢傳寫誤奪

凷 墣也从土一屈象形塊凷或从鬼

濤案一切經音義卷七卷十一引凷堅土也葢古本如是解字之例有彼此互訓者則其義皆易曉其義之難明者則先以此字釋彼字而再解此字則彼字之義亦明上文墣既訓凷若再以墣解凷則人不知墣凷為何物故解為堅土則凷字之義明而墣字之義亦明二徐妄以互訓之例改之誤矣

儀禮喪服莊子齊物論尒疋釋言釋文皆引塊俗凷字則今本作或體者誤

塍稻田畦也从土朕聲

濤案尒疋釋丘釋文引塍稻田畦隄埒畔蓋古本如是韻會引本尚有埒字後漢書班固傳注引塍田畦也文選西都賦注引塍稻田之畦也皆節引非完文一切經音義卷九卷十五玉篇引同今本疑後人據今本改

坺治也一曰臿土謂之坺詩曰武王載坺一曰塵皃从土犮聲

濤案一切經音義卷十九云土墢又作坺說文以一鍤土謂

之坺是古本上一下無日字今本誤衍

圪 牆高皃詩曰崇墉圪圪从土气聲

濤案一切經音義卷十三引圪高大皃也葢古本作牆高大皃今本奪大字元應所引又節去牆字

堂 殿也从土尚聲坣古文堂𩫖籀文堂从高省

濤案玉篇坣𩫖並古文疑顧氏所見本𩫖字不作籀文

坫 屏也从土占聲

濤案尔疋釋宮釋文云坫丁念反說文云屏牆是古本屏下尚有牆字今奪

堊 白涂也从土亞聲

濤案玉篇引有一曰白土也五字蓋古本如是今奪

墀　涂地也从土犀聲禮天子赤墀

濤案華嚴經音義下引說文曰墀謂以丹塗地卽天子丹墀也蓋慧苑隱括其詞非古本本文如是天子赤墀見禮緯含文嘉蓋惟天子以赤飾堂上故漢未央殿青瑣丹墀後宮則玄墀而已則墀不專用丹古本不得如慧苑所引文選鮑明遠翫月城西詩注劉孝標辨命論注御覽百八十五居處部所引皆同今本可證御覽禮下有記曰二字乃傳寫誤衍廣韻六脂引天子下有二字恐亦是誤衍

墼　瓴適也一曰未燒也从土毄聲

濤案玉篇引作未燒者是古本不作也字

叁埽除也从土弁讀若糞

濤案玉篇引作除埽也蓋古本如是一切經音義卷十六叁却府墳反說文糞除埽棄也糞即叁字之假糞字涉下字解而衍可見古本不作埽除玉篇又云𡏞古文似古本尚有重文字

壎樂器也以土爲之六孔从土熏聲

濤案御覽五百八十一樂部引曰壎爲樂器亦作塤也壎爲聲濁而喧喧然今雅樂部用也蓋古本壎有重文作塤今本奪其壎爲聲濁以下云云乃庾氏注中語非許君原文也

璽王者印也所以主土从土爾聲璽籀文从玉

濤案唐律疏義引璽者印也乃傳寫奪一王字非古本無之大唐類要一百三十一部左氏襄二十九年正義御覽六百八十二儀式部所引皆有王字可證所以主土御覽作以守土蓋古本如是以守土所謂愼封守是也玉篇引者下有之字以上無所字義得兩通

埻射臬也从土𦎫聲讀若準

濤案一切經音義卷十九引臬作垜乃傳寫之誤他卷皆引同今本可證

城以盛民也从土从成成亦聲𩫨籀文城从𩫖

濤案詩皇矣正義引作所以盛民也蓋古本如是類聚六十三御覽百九十二居處部引無所字皆傳寫誤奪

堞 城上女垣也从土葉聲

濤案初學記二十四居處部引堞女墻也垣牆義得兩通無城上二字乃節引非完文左氏宣十二年正義所引有之可證堞即堞字之別

𡐦 以土增大道上从土次聲垐古文垐从土即虞書曰龍朕堲讒說殄行堲疾惡也

濤案玉篇引作以土增大道也蓋古本如是今本上字傳寫之誤

垠 地垠也一曰岸也从土艮聲圻垠或从斤

濤案文選七發注一切經音義卷七引圻地圻咢也卷八引垠地垠岸也圻垠同字葢古本垠下有咢字今本誤奪元應書卷八又涉一解而誤耳史記賈誼傳索隱引垠圻也圻爲垠之重文此必傳寫有誤後漢書班固傳注引垠界也疑古本又有一曰界也四字

垔 塞也尙書曰鯀垔洪水从土西聲□古文垔

濤案汗簡卷下之二□作□是今本篆體微誤

壓 壞也一曰塞補从土厭聲

濤案文選班叔皮王命論注引厭塞也厭即壓字之省葢古

本無補字
又案一切經音義卷六引壓壞也鎮也是古本尚有鎮之一
訓

𡔣天陰塵也詩曰𡔣𡔣其陰从土壹聲
濤案御覽十五天部曀天陰沈也曀當作𡔣詩終風且曀曀
曀其陰毛詩皆作曀而許則於終風句作曀𡔣𡔣句作𡔣蓋
毛詩古本如是傳曰如常陰曀曀然則古本說文作沈不作
塵後漢書馮衍傳注曀曀陰晦皃曀曀卽𡔣𡔣之假借今俗
猶有天陰沈之語塵與沈聲相近而誤玉篇作天陰塵起也
是淺人以天陰塵爲不詞又妄增起字益見古本不作塵矣

坏 丘再成者也一曰瓦未燒从土不聲

濤案水經注五河水篇云尔疋曰山一成謂之伾許愼呂忱並以爲丘一成也御覽三十八地部引一成曰坯是古本不作再成今本乃襲僞孔尙書傳而誤伾卽坏之假借初學記卷五地部引山再成曰坯玉篇亦作再成皆淺人據今本改

塋 墓也从土熒省聲

濤案文選謝元暉齊敬皇后哀策文注玉篇皆引塋墓地蓋古本作墓地也今本奪一地字漢書楚元王傳注引如淳曰塋冢田也冢田卽墓地之謂矣

墓 丘也从土莫聲

濤案御覽五百五十七禮儀部引墓兆域也葢古本如是方言凡葬而無墳謂之墓禮記亦言古者墓而不墳是壟可訓丘墓不可訓丘周禮墓大夫帥其屬而巡墓厲注曰墓厲謂塋限遮列之處所謂兆域是也

壠 丘壠也从土龍聲

濤案文選懷舊賦注御覽五百五十七禮儀部皆引壠丘也是古本訓解中無壠字壠爲土之高處丘亦土之高處故以丘釋壠淺人習聞丘壠連稱遂妄增一壠字

場 祭神道也一曰田不耕一曰治穀田也从土昜聲

濤案玉篇引治穀田也作治穀處葢古本如是田中非可治

穀今人猶以治穀處爲場

圯 東楚謂橋爲圯从土巳聲

濤案東楚初學記　地部引作楚人義得兩通

補 塔

濤案玉篇云塔說文云西域浮屠也是古本有塔篆許君作書時佛法已入中國矣

堇部

艱 土難治也从堇艮聲𡏳籀文艱从喜

濤案汗簡卷下之二引演說文艱字作𡏳𡏳爲堇之古文故庾氏書如此作

田部

田 陳也樹穀曰田象四口十阡陌之制也凡田之屬皆从田

濤案一切經音義卷十三引樹稻穀曰田稻字傳寫誤衍田中不必皆樹稻也玉篇引同今本可證

又案齊民要術一引作象形从口从十阡陌之制也今本象四口十義不可通

𤰝 耕治之田也从田象耕屈之形己𤰝或省

濤案止觀輔行傳宏決第四之三引疇田界也葢古本一曰以下之奪文

又案汗簡卷上之二引作己葢古本篆體如此今本誤

𤳉燒穜也漢律曰𤳉田茠艸从田翏聲
濤案晉書七十七音義引無燒字乃傳寫偶奪
畬三歲治田也易曰不菑畬田从田余聲
濤案易无妄釋文引作二歲治田葢古本如是尓疋云一歲
曰菑二歲曰新三歲曰畬詩毛傳同而虞翻注易康成注禮
坊記皆云二歲曰畬是漢時原有二說今本乃淺人據尓疋
以改許書也牛農惠氏曰田當作凶禮記引易有凶字乃王
弼所删
畦田五十畝曰畦从田圭聲
濤案玉篇引無田字乃傳寫偶奪一切經音義卷十五引有

之

畜田畜也淮南子曰玄田爲畜𤲯魯郊禮畜从田从兹兹益也

濤案玉篇引作重文解無从田二字義得兩通

畕部

畺界也从畕三其界畫也疆畺或从彊土

濤案汗簡卷下之二云畺疆出演說文畺爲許書正字古本不應無之殆郭氏書傳寫衍一演字耳

補畾

濤案本書壘櫑勵藟儡並从畾是古本有畾篆桂大令曰王

莽改疊爲疊是原有三田之畾字故从之也玉篇畾音雷田閒也音訓當本說文

黃部

補黌

濤案後漢書儒林傳乃更修黌字注引說文曰黌黃也是古本有黌篆本書無學部當在此部从黃从學省黃亦聲

男部

男丈夫也从田从力言男用力於田也凡男之屬皆从男

濤案九經字樣云男男上說文下隸變是古本篆法左田右力今上田下力者乃隸變也恐甥舅二篆亦不如是

力部

勳能成王功也从力熏聲勛古文勳从員

濤案玉篇引說文下有書曰其亢有勲六字是古本有偁經語而今本奪之亢僞古文尚書作克

務趣也从力敄聲

濤案一切經音義卷十六引務趣疾也蓋古本尚有疾字今奪

⿰厥力勥也从力厥聲

濤案玉篇及廣韻皆引作强力也乃勥字傳寫誤分非古本如是

勉彊也从力免聲

濤案一切經音義卷五引勉強也謂力所不及而強行事也謂力以下十字當是庾氏注中語

勖 勉也周書曰勖哉夫子从力冒聲

濤案一切經音義卷五引勖勉強也是古本尚有強字今奪

勠 并力也从力翏聲

濤案後漢書劉虞傳注引勠力并力也乃傳寫衍力字非古本有之

勞 劇也从力熒省熒火燒冂用力者勞勞古文勞从悉

濤案汗簡卷下之二云勞勞見舊說文所謂舊說文者僅見於此此字葢从熒不省玉篇古文作勞則亦非从悉然玉篇

傳寫亦有譌古本古文字體當如汗簡也

勮 務也从力豦聲

濤案文選北征賦注王粲詠史詩注陸機苦寒行注皆引劇甚也劇卽勮之別體葢古本作甚也一曰務也今本爲二徐妄刪

勇 气也从力甬聲 㦷 勇或从戈用 恿 古文勇从心

濤案一切經音義卷五引勇亦悍也葢古本有一曰悍也四字今奪

勡 劫也从力票聲

濤案文選張孟陽七哀詩注引作劫人也是古本有人字今

奪

劫人欲去以力脅止曰劫或曰以力止去曰劫

濤案史記高祖本紀索隱引以力脅之云劫也蓋古本作劫以力脅之也或曰以力止去曰劫禮記儒行注劫脅也國語晉語注脅劫也脅劫互訓知當作脅之不當作脅止劫以力去故又爲以力止去許偁或曰一曰皆與正解不同若如今本則正解與或解又何所區别邪且勡劫奪之云豈盡指人欲去邪二徐之謬妄不待辨矣

募廣求也从力莫聲

濤案後漢書光武紀注引募廣求之也是古本有之字今奪

卷十三

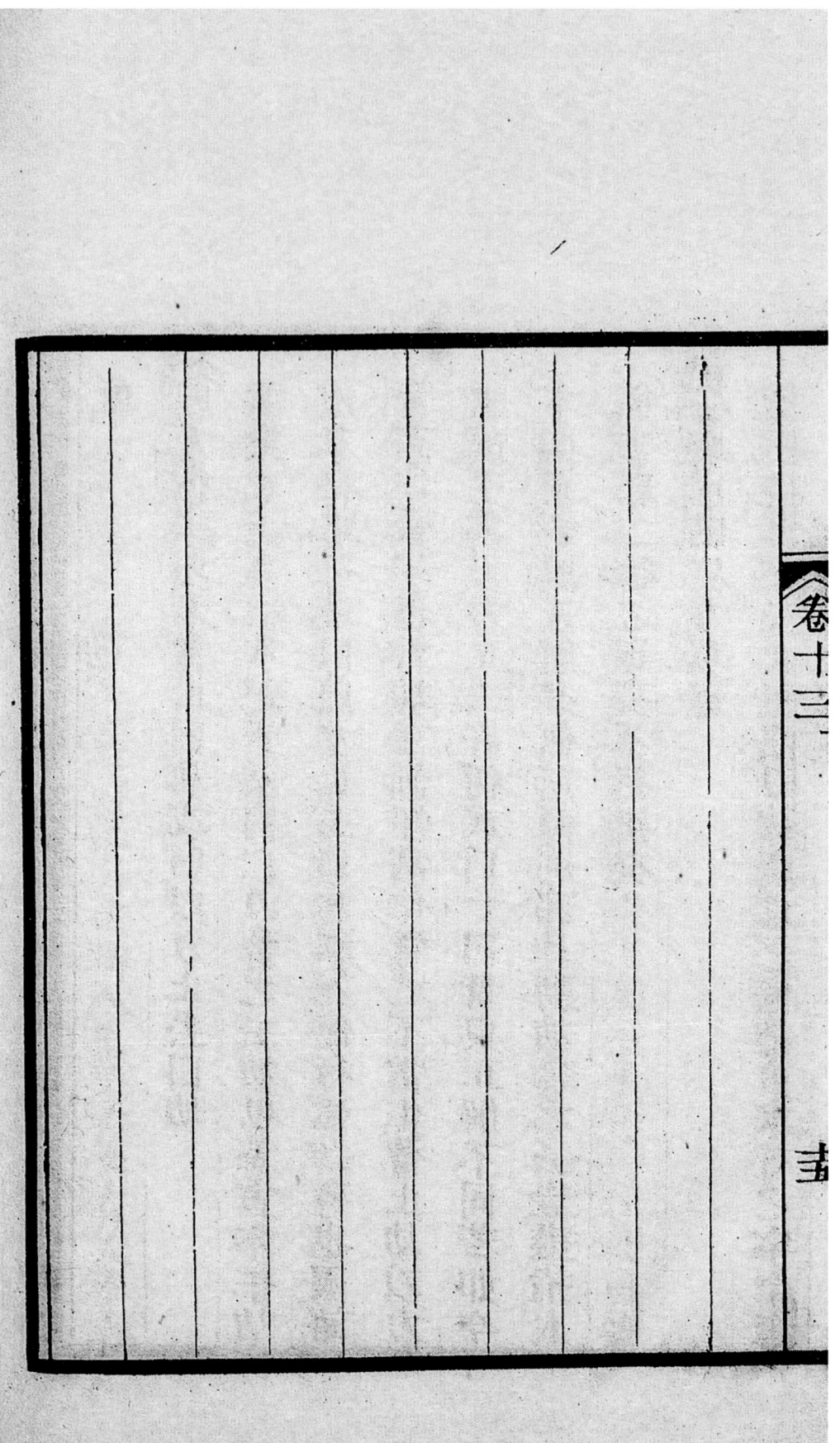

說文古本攷第十四卷上　　嘉興沈濤纂

金部

金五色金也黃爲之長久薶不生衣百鍊不輕从革不違西方之行生於土从土左右注象金在土中形今聲凡金之屬皆从金金古文金

濤案初學記二十七寶器部御覽八百九珍寶部引百鍊皆作百陶蓋古本如是古人言陶鑄陶鈞則陶非僅冶土器之名後人習聞百鍊罕聞百陶遂妄改之如此黃爲之長初學記作黃金爲長義得兩通

又案五行大義釋五行名引金者禁也陰氣始起萬物禁止

也土生於金字从土左右注象金在土中之形也是古本西方之行下當有一曰金者禁也至萬物禁止也十五字今本爲二徐妄刪土生於金當作金生於土乃傳寫之誤

鉛 青金也从金㕣聲

濤案後漢書隗囂傳注引曰鉛青金也似錫而色青是古本多此五字今奪又一切經音義卷六引曰鉛青金也尚書青州貢鉛是也以下文鏤字注夏書曰梁州貢鏤例之則古本當有夏書曰青州貢鉛七字元應所引乃檃括之詞非古本如此

鍇 九江謂鐵曰鍇从金皆聲

濤案文選南都賦注引九江謂鐵爲鍇是古本曰字作爲義得兩通

鍊 冶金也从金柬聲

濤案文選江文通擬古詩注引作化金恐傳寫有誤非古本如是七命注仍引作冶金可證

鍾 酒器也从金重聲

濤案後漢書班固傳注引鍾器也蓋傳寫奪一酒字文選東都賦注引有之可證

鋞 温器也圜直上从金巠聲

濤案廣韻十五青引作圜而直上是古本有而字今本奪此

一字語頗不詞

鍑 釜大口者从金复聲

濤案御覽七百五十七器物部一切經音義卷二皆引鍑如釜而大口卷十八引鍑如釜而口大蓋古本作如釜而大口者今本奪如而二字元應書及御覽傳寫奪者字廣韻一屋有而字仍奪如字

銼 鍑也从金坐聲

濤案御覽七百五十七器物部引銼䥈鍑也蓋古本如此今本奪一䥈字許書之例以篆文連注讀下文云䥈銼䥈也書中如此例者甚多淺人不知而妄删之矣

銚 温器也一曰田器从金兆聲

濤案一切經音義卷十四引銚温也似鬲上有鐶蓋古本尚有此五字今奪

鉉 舉鼎具也易謂之鉉禮謂之鼏从金玄聲

濤案廣韻二十七銑引鉉舉鼎也蓋傳寫奪一具字

鎣 器也从金熒省聲讀若銑

濤案華嚴經音義上云按說文字統鎣又作鎣訓與瑩同然別有音余傾切訓爲光飾之義據此則古本說文鎣不訓器玉部瑩玉色也慧苑云訓與瑩同疑當訓爲金色又云別有音余傾切訓爲先飾之義則當有一曰光飾也五字爾雅釋

器注曰鷊鶂膏中鎣刀正光飾之義今本訓器誤試問以何器當之邪

錠 鐙也从金定聲

濤案藝文類聚八十火部引錠謂之鐙蓋古本如此今本義得兩通

鍱 鏶也从金枼聲齊謂之鍱

濤案一切經音義卷九引齊謂鏶爲鍱蓋古本如此今本義雖可通而與全書之例不合矣

釦 金飾器口从金口口亦聲

濤案文選西都賦注引無口字乃傳寫偶奪非古本如是

鍼 所以縫也从金咸聲

濤案一切經音義卷十七引鍼所以用縫衣者也蓋古本如是文義始完卷十八引無用字衣下有裳字乃傳寫譌誤古本當如卷十七所引

又案御覽八百三十資產部引鍼綴衣也蓋古本一曰以下之奪文

鈹 大鍼也一曰劒如刀裝者从金皮聲

濤案史記高祖功臣侯年表索隱引鈹者刀劒裝也乃傳寫譌誤非古本如是劒如刀裝猶言劒如刀形漢書高惠功臣侯表注鈹亦刀耳方言云鏦謂之鈹文選吳都賦劉注云鈹

兩刃小刀也古無以鈹爲刀劍飾者可見小司馬書傳寫之誤又左氏昭二十七年傳釋文正義引鈹劍也乃節引非完文

鎩 鈹有鐔也从金殺聲

濤案文選西京賦注引尙有一曰鎩似兩刃刀七字是古本尙有一訓今奪

銎 斤斧穿也从金巩聲

濤案詩七月釋文引銎斧空也穿空義得兩通然玉篇亦云斧空也是古本作空不作穿并無斤字

錍 鈭錍也从金卑聲

濤案玉篇引作鍪斧也蓋古本如是上文鍪鏄斧也此云鍪斧正互訓之例

銛 鍤屬从金舌聲讀若棪桑欽讀若鐮

濤案廣韻二十四鹽引鍤屬作臿屬與小徐本同蓋古本如是下文銚爲臿屬鈂爲臿屬可證鍤訓郭衣鍼非此用也

鉵 相屬从金蟲省聲讀若同

濤案史記高祖本紀云从杜南入蝕中索隱云王劭按說文作鉵器名也地形似器故名之今本說文無鉵字蓋蝕字之誤王劭以字當作蝕蝕爲傳寫之誤相爲農器故曰器名非古本說文有鉵義也

鉏 立薅所用也从金且聲

濤案廣韻九魚引作鉏立薅斫也蓋古本如是桂大令馥曰斫初誤爲所後人不解妄加用字案說文欘斫也齊謂之鎡錤顔師古注急就云鉏去草之器一名兹基鉏欘義同則斫字是也盧學士文弨曰爾雅釋器斫謂之鐯郭注钁也說文訓钁爲大鉏淮南精神訓繇者揭钁臿兵畧訓奪儋钁以當修戟長弩高誘注竝訓钁爲斫此皆可以爲斫卽鉏之確證今本譌斫爲所淺人又妄添用字耳御覽七百六十四器物部引鉏薅斫也少一立字蓋傳寫誤奪

鍥 鎌也从金契聲

濤案六書故引蜀本說文曰劕鎌也又曰小鎌南方用以乂穀許書無劕字當爲刈字之誤據此則古本尚有一曰小鎌云云鉊爲大鎌見本部則鍥爲小鎌今本乃淺人妄删

銍穫禾短鎌也从金至聲

濤案史記夏本紀索隱引銍穫禾短鎌之物也之物二字當是傳寫誤衍非古本有之詩臣工釋文引同今本可證

鎮博壓也从金眞聲

濤案一切經音義卷十卷十一卷十二卷十七卷二十四引此書皆云鎮壓也是古本無博字博壓義不可曉或解爲博局之壓亦於書傳無見國語釋語注廣雅詁皆云鎮重也重

有壓義今時人猶言鎮壓

鉆鐵銸也从金占聲一曰膏車鐵鉆

濤案後漢書章帝紀注引鉆銸也乃傳寫奪一鐵字陳寵傳注及一切經音義卷十卷十三卷十四卷十七周禮典同釋文所引皆同今本可證

鉗以鐵有所劫束也从金甘聲

濤案御覽 刑法部引無以字乃傳寫誤奪

釱鐵鉗也从金大聲

濤案御覽六百四十四刑法部引作釱脛鉗也葢古本如此史記平準書曰敢私鑄鐵器煮鹽者釱左趾集解引韋昭曰

鈇以鐵爲之著左趾以代刖也索隱曰三蒼云鈇踏腳鉗也張斐漢晉律序云狀如跟衣著足足下重六斤以代刖則鈇爲脛鉗無疑

鑽 所以穿也从金贊聲

濤案一切經音義卷二引作鑽所以用穿物者也葢古本如是文義始完今本乃二徐妄刪文選長笛賦注引同今本乃節引非完文

銖 權十分黍之重也从金朱聲

濤案禮記儒行釋文引作權分十黍之重也與今本不同疑皆有誤禾部稱字解云其以爲重十二粟爲一分十二分爲

一銖玉篇銖十二分也桂大令以爲當云權十二分黍之重然稱字解言粟不言黍漢書律歷志注引應劭曰十黍爲絫十絫爲一銖漢志又云一龠容千二百黍重十二銖是以程徵君瑤田以爲當爲百黍之重徵君又引說苑云十六黍爲一豆六豆爲一銖則銖爲九十六黍百黍者蓋舉成數而言耳

鋝 十銖二十五分之十三也从金寽聲周禮曰重三鋝此方以二十兩爲鋝

鍰 鋝也从金爰聲書曰罰百鍰

濤案周禮攷工記注云鄭司農云鋝量名也讀若刷元謂許

叔重說文解字云鋝鍰也今東萊稱或以大半兩爲鈞十鈞
爲環環重六兩大半兩鍰鋝似同矣康成所引說文實爲最
古之本許君以鍰釋鋝以鋝釋鍰正本書互訓之例今本鋝
下奪鍰也二字誤
又案書吕刑其罰百鍰釋文云六兩也鄭及爾雅同說文云
六鋝也鋝十一銖二十五分銖之十三也又云賈逵說俗儒
以鋝重六兩周官劍重九鋝俗儒近是康成所引說文鋝訓
爲鍰則鍰不得訓六鋝元朗音義所引六字非傳寫誤衍即
亦字之誤十一銖今本奪一字廣韻十七薛所引亦有一字
可見古本皆同賈逵說文云亦元朗引說文語今本乃爲淺

人妄刪矣六書故引蜀本十下亦有一字又引蜀本李陽冰
廣說文曰鍰六鋝也六字當亦亦字之誤
又案北方以二十兩爲鋝六書故引作一鋝戴東原氏曰說
文旣引周禮重三鋝當云北方以二十兩爲三鋝是以鄭注
引說文證三鋝爲一斤四兩又曰賈逵說俗儒以鋝重六兩
此俗儒相傳譌失不能覈實脫去太半兩言之說文云北方
以二十兩爲鋝正合三鋝蓋脫去三字濤謂戴氏之說非也
書釋文引許書云俗儒近是是許君亦以爲鋝重六兩鄭引
說文以證鍰鋝之相同非以證輕重之相同也許鄭之說率
多不合故許君異義康成駁之今欲强改許書以合鄭說多

見其無知妄作矣鄭云東萊稱鍰重六兩太半兩他處未必然也許云北方以二十兩爲鋝他處未必然也東萊北方其地各異其稱不同乃欲强而同之不可也鄭許皆言鍰鋝相同而戴氏云鍰鋝篆體易譌說者合爲一恐未然則是并許鄭而不信之所謂是末師而非往古東原之病往往在是

鐲 鉦也从金蜀聲軍法司馬執鐲

濤案詩采芑正義引鐲鉦也鐃也是古本尚有鐃也一訓今奪

鈴 令丁也从金从令令亦聲

濤案御覽三百三十八兵部引鈴丁也是古本無令字丁下

疑奪寗字國語注曰丁寗謂鉦也

鉦 鐃也似鈴柄中上下通从金正聲

濤案御覽五百八十四樂部引鉦鐃也鈴柄中上下通鉦也乃傳寫有誤詩采芑正義一切經音義卷四引同今本可證又案詩采芑釋文引鐃也又云鐲也是古本有一日鐲字四字今奪

鐃 小鉦也軍法卒長執鐃从金堯聲

濤案御覽五百八十四樂部引銑小鐃也軍法卒長執銑漢有鼓吹曲有鐃歌銑小鐃乃鐃小鉦之譌執銑亦當作執鐃漢有有字亦衍蓋古本有漢鼓吹曲有鐃歌七字

鑮大鐘淳于之屬所以應鐘磬也堵以二金樂則鼓鑮應之从金薄聲

濤案六書故引蜀本說文曰堵以二鑮奏大樂則鼓鑮應之則部今本譌奪致不可通周禮曰凡縣鐘磬半爲堵全爲肆鄭注曰鐘磬編縣之二八十六枚而在一虡謂之堵鐘一堵磬一堵謂之肆據許君此解則鐘磬之外尚有二鑮在堵許鄭所據禮家之說不必盡同也

鐘樂鐘也秋分之音物穜成从金童聲古者垂作鐘鏞鐘或从甬

濤案爾雅釋樂釋文云鐘說文作鍾云樂器也是古本作器

不作鐘許書以从重者訓爲酒器从童者訓爲樂器分别甚晰二徐不知檢照輒疑二器同名遂以樂鐘别之誤矣

鏓　鎗鏓也一曰大鑿平木者从金悤聲

濤案文選長笛賦注引作大鑿中木也蓋古本如是段先生曰鑿非平木之器中讀去聲許書正謂大鑿入木曰鏓

錚　金聲也从金爭聲

濤案後漢書劉盆子傳注引錚錚金也蓋古本當作錚錚金聲也許書之例以篆文連注讀淺人疑注中錚字爲複衍之文而刪之後漢注所引又傳寫奪一聲字耳

鏜　鏜鼓之聲也从金堂聲詩曰擊鼓其鏜

濤案廣韻十一唐引作鼓鐘聲也葢古本如是鼓鐘猶言擊鐘本書鼓部鼞鼓聲也引詩擊鼓其鏜葢許所據毛詩本作鼞不作鏜淺人見今本毛詩作鏜遂於此解妄增稱詩語忘其與鼓部牴牾因又改鼓鐘聲爲鐘鼓之聲以合詩中擊鼓字或疑作鼞者爲三家詩不知許君明云毛氏決不自亂其例兩偁互異必有一誤廣韻所引當是陸孫之舊

鏌 鏌釾也从金莫聲

濤案史記賈生傳集解文選羽獵賦注前漢書賈誼傳注後漢書杜篤傳注御覽三百五十二兵部皆引鏌釾大戟也小徐本亦同是古本有大戟二字史記司馬相如傳建干將之

雄戟注引張揖曰吳王劍師干將所造者也是干將莫邪皆
主戟言大徐疑鏌釾非戟而刪之其議更遜於小徐矣

鋋小矛也从金延聲

濤案文選西京賦注引鋋小戈也乃傳寫之誤非古本如是
方言曰矛吳揚江淮南楚五湖之間或謂之鋋漢書司馬相
如傳鼂錯傳注云鋋鐵把短矛也則鋋實矛屬而非戈屬漢
書班固傳注引同今本可證

錞矛戟柲下銅鐏也从金𦎫聲詩曰厹矛沃錞

濤案一切經音義卷二十云鐵鐓徒對反說文鐓矛戟柲下
銅也經文作錞市均反錞于樂器也錞非此用是古本篆體

作鐓不作錞篇韻皆以鐓為正字錞注同上曲禮進矛戟者
前其鐓釋文云又作錞則錞乃鐓之通假字蓋古本以錞為
錞于字鐓為柲下銅鐏字二徐誤鐓為錞又刪去錞于正字
皆妄元應書無鐏字乃傳寫誤奪詩小戎釋文所引有之可
證釋文又奪一柲字

錏 錏鍜頸鎧也从金亞聲
濤案一切經音義卷十二引錏鍜頸飾也頸飾乃頸鎧傳寫
之誤然可見古本不重錏字

鐗 車軸鐵也从金閒聲
濤案一切經音義卷十九引鐗車鐵乃傳寫奪軸字也字非

古本如是

釭車轂中鐵也从金工聲

濤案一切經音義卷四引釭車轂頭鐵也卷七引釭謂車轂口鐵也卷十一卷十九引釭轂口鐵也後漢書班固傳注文選西都賦注引釭轂鐵也盖古本中字作口元應書卷十一卷十九所引節去車字章懷注又節去口字元應書卷四誤口爲頭卷七又足一謂字古本當作釭車轂口鐵也中口形相近乃傳寫致誤釭爲轂口之裏頭鐵不得爲中明矣御覽七百七十七車部引同今本疑後人據今本改

鑣馬銜也从金麃聲⿰角麃鑣或从角

濤案文選劉越石答盧諶詩注引鑕馬鞬傍鐵也蓋古本一曰以下之奪文

鈇 莝斫刀也从金夫聲

濤案一切經音義卷一引鈇莝斫也謂坐刀也卷五引鈇莝斫也是古本無刀字謂坐刀也乃注說文者釋莝字之義斤部斫字雖訓爲擊而斧字解云斫也斫字解云斫也斸字解云斫也斤字解云斫木也而元應書卷一亦引作斫也無木字是斫實斤斧之屬本部鉏字解云立薅斫也據廣韻引今謂之斫刀古止單言斫耳此處刀字其爲二徐妄加無疑又案後漢書獻帝紀注引鈇莝刃也馮魴傳注引鈇剉刀也

刀乃刃字之誤蓋古本說文或有作莖刃者傳寫誤刃爲刀二本并合爲一作莖斫刀而遂不可通矣元應書卷十二卷十三卷十九亦引作莖斫刀疑傳寫者據今本妄改漢尹翁歸傳注作斫莖刀尤誤

鋂 大瑣也一環貫二者从金每聲詩曰盧重鋂

濤案詩盧令正義引鋂環也一環貫二乃傳寫誤大瑣爲環非古本如是

鋪 箸門鋪首也从金甫聲

濤案文選舞賦注引鋪箸門抪首是古本鋪作抪手部抪捫持也蓋門首金鋪爲人捫持而設故謂之抪首後人又即謂

之鋪首鋪有布義廣雅釋詁語本通行而許氏原文則作㨨不作鋪故崇賢引之以證鋪首之即㨨首也又御覽百八十八居處部引門扇環謂之鋪首當是古本尚有一曰門扇云云二徐刪之又改㨨首爲鋪首耳

錔以金有冒也从金沓聲

濤案一切經音義卷十四引作以金銀有所覆冒也是今本奪銀字覆字

鉅大剛也从金巨聲

濤案一切經音義卷三云說文巨大作鉅字从金卷十云說文巨大巨从金作鉅卷六卷二十二云說文巨大也作鉅是

古本無剛字許君以巨爲規矩字而巨大字从金作鉅不得

訓爲大剛此字乃二徐妄增

補

鏗

濤案本書臤部臤堅也讀若鏗鏘之鏗手部摼擣頭也讀若

鏗爾舍瑟而作車部轒車轒釘也讀若論語鏗爾舍瑟而作

是古本有鏗篆

幵部

幵平也象二干對構上平也凡幵之屬皆从幵

濤案廣韻一先引作而干對舉義得兩通

勺部

勹 抱取也象形中實與包同意凡勹之屬皆从勹

濤案一切經音義卷四引勹料也蓋古本一曰以下之奪文

几部

凥 處也从尸得几而止孝經曰仲尼凥謂閒凥如此

濤案曹憲注廣雅云案說文从尸几聲蓋古本如是凡凥聲相近得几而止乃処字之解以釋从几从夂之會意與凥字無涉

又案汗簡卷下之二凥居出孝經処處古孝經居處二字亦異說文今凥處二字見爲說文正字何得云異則異字乃見字之誤

斤部

斤 斫木也象形凡斤之屬皆从斤

濤案一切經音義卷一引無木字盖古本如是說詳金部鈇字文選長笛賦注引斤斫木木乃也字之誤音義卷十四卷十五卷十六引同今本乃後人據今本改

斸 斫也从斤屬聲

濤案齊民要術卷一引斸斫也齊謂之鎡基一曰斤柄性自曲者也尔疋釋器釋文云斸說文云齊謂之鎡基一曰斤柄自曲此皆木部欘字之解欘斸同物疑古本無欘篆二徐妄添此篆又將斤部解語移置於彼耳

釿 劑斷也从斤金

濤案一切經音義卷十四十六引釿劑也蓋古本如是篇韻皆云劑也則今本斷字衍小徐本亦無斷字

斗部

斝 玉爵也夏曰琖殷曰斝周曰爵从吅从斗冂象形與爵同意或說斝受六升

濤案御覽七百六十器物部引作受十六升蓋傳寫之誤

⿰䜌斗 抒滿也从斗䜌聲

濤案一切經音義卷四引作抒漏也蓋古本如是木部欒漏流也說文聲亦兼義故从䜌者皆訓爲漏今本滿字乃傳寫

之誤卷十四十五十六仍引作滿乃後人據今本改

矛部

矛　酋矛也建於兵車長二丈象形凡矛之屬皆从矛𢦕古文矛从戈

濤案一切經音義卷一引二丈作一丈蓋傳寫之誤卷二卷三卷十所引皆作二丈可證

矜　矛柄也从矛今聲

濤案華嚴經音義卷二十二云按說文字統矜憐也皆从矛令若从令者音巨斤切矛柄也按玉篇二字皆从矛令無矛令者也以上皆慧苑說蓋古本矛部有从矛从令之字訓憐

者與矛柄字不同玉篇合二字爲一皆从矛令令則又皆从矛令無从矛从今之字矣臧明經庸曰據慧苑所引知唐本說文矛部矜下有憐也一訓而今本止有矛柄之義後世字書韻學混淆致改玉篇誤从今唐以來字書遂無有作矜者矣猶幸慧苑書引毛詩傳及說文字統玉篇皆可藉以攷正而慧苑又分矜矜當由習見作矜故強爲區別耳宋板爾疋疏釋言矜苦也釋曰郭云可矜憐者亦辛苦者小雅鴻雁云爰及矜人又釋訓矜从今此乃誤憐撫掩之也釋曰小雅鴻雁云爰及矜人明道國語卷七晉語一商銘曰嗛嗛之德不足就也不可以矜而祇取憂也韋解矜大也又卷八晉語二驪姬

曰令矜敵之善其志益廣韋解矜大也此皆誇矜自大之意
字並从令鈕布衣樹玉曰婁氏漢隸字源二十八山矜字注
引唐君頌不侮寡矜詩至于矜寡史記有矜在民間曰虞舜
此采自碑板知漢時故作矜字注文盛本後漢書史弼傳論
曰仁以矜物義以退身亦从令毛詩采苓令聲與顛信顛車
鄰令聲與鄰顛韻故矜爲哀憐或借爲鰥寡字聲亦相近若
今聲則與顛寡等韻相去遠矣濤謂二君之說甚辨然慧苑
明云說文字統矜憐字从矛令矛柄字从矛今玉篇則皆从
矛令是當時說文本有矝矜二篆不得合而爲一二家所引
从令之字皆與矛柄字無涉漢隸字源十六蒸載論語石經

殘碑矜字从令亦爲哀矜之字而非矛柄之字則此部當補

矜篆不當改矜篆至矜憐字何以从矛則所當闕疑者也

車部

車 輿輪之總名夏后時奚仲所造象形凡車之屬皆从車𨏥

籀文車

濤案造一切經音義卷六引作作義得兩通

軒 曲輈藩車从車干聲

濤案史記留侯世家索隱引作曲周屛車屛藩義同輈作周

蓋音近而誤一切經音義卷六引作曲周輜車也今本說文

無輜字漢書注引有之輜正字藩通假字左氏閔二年傳鶴

有乘軒者正義引服注曰車有藩曰軒文選西京賦薛注曰屬車有藩者曰軒皆作藩文選孫注引韋昭曰車有轓曰軒續漢書輿服志注車有轓者謂之軒皆作轓義得兩通荀子非相篇注引軒曲輈也乃節引非完文左氏定九年正義引輈作斻蓋傳寫之誤

輜　軿車前衣車後也从車甾

濤案左氏定九年傳釋文引輜衣車也後漢書袁紹傳注引輜車衣車也左氏定九年正義引輜軿衣車也前後有蔽文十二年正義引輜一名軿前後蔽也文選任彥昇天監三年策秀才文注劉孝標廣絕交論注引輜軿車前衣車後爲輜

合諸書所引攷之古本當作輜軿衣車也前後有蔽車前爲
軿車後爲輜諸書非節取引卽檃括皆非完文而今本尤舛
誤不可通

軺 小車也从車召聲

濤案御覽七百七十二車部引同今本又一引作軺車小車
也當是傳寫誤衍車字

輣 兵車也从車朋聲

濤案後漢書光武紀注引輣樓車也葢古本如是文選
注亦云輣樓車則今本作兵者誤漢書敘傳注引鄧展曰輣
兵車名後漢書　傳注引輣兵車也葢樓車用於軍陣故

或以兵車釋之而許書解字之本義自當作樓不當作兵御覽七百七十六車部引同今本疑後人據今本改

轈兵高車加巢以望敵也从車巢聲春秋傳曰楚子登轈車

濤案左氏成十六年正義引與今本同而釋文引作兵車高如巢以望敵也與今本異如加形相近左傳杜注曰巢車車上爲櫓蓋即所謂高車加巢不得謂車高如巢釋文蓋傳寫之誤不得據此疑今本及正義所引有誤也

輿車輿也从車舁聲

濤案一切經音義卷二卷六卷十四所引尙有一曰車無輪曰輿也八字是今本奪去一解

輯 車和輯也从車咠聲

濤案列子湯問釋文引作輯車輿也葢古本如是段先生曰自轢篆以上皆車名自輿篆至輛篆皆車上事件其間不得有車和之訓大𤣥礥上九崇崇高山下有川波其人有輯航可與過測曰高山大川不輯航不克也此輯謂輿山必輿川必航而後可過是古義見於子雲之書非無可徵也又王觀察念孫曰輿者軫輢軹轛之總名輯衆材而爲之故謂之輿與輯同義故輿或說之說文輯輿二字相承㫐有以也今本作車和輯也則與輿之意不相屬矣

較 車騎上曲銅也从車爻聲

濤案文選西京賦注引較車輢上曲鉤也七啟注引較車上曲鉤較即較字之別蓋古本作鉤不作銅然初學記二十五部引作車輢上曲銅鉤廣韻四覺引同今本曲銅即鉤義得兩通騎當从諸書所引作輢今本作騎乃傳寫之誤宋小字本亦作輢

輒 車兩輢也从車耴聲

濤案廣韻二十九葉引作車相倚也蓋傳寫之誤輢爲車旁車之有兩旁猶人之有兩耳故字从耴穀梁昭二十年傳兩足不能相過衛謂之輒乃縶之假借釋文輒本作縶非此之義也

轖 車籍交錯也从車嗇聲

濤案文選七發注顏師古急就篇注引交錯作交革葢古本如是段先生曰交革者交猶遮也謂以去毛獸皮鞔其外攷工記棧車欲弇注曰爲其無革鞔不堅易折壞也飾車欲侈注曰飾車革鞔輿也大夫以上革鞔輿巾車職士乘棧車注曰棧車不革鞔而漆之凡革鞔謂之轖故急就篇曰革轖髹漆油黑蒼縉當作箱

軨 車轖間橫木从車令聲轜軨或从霝司馬相如說

濤案後漢書張衡傳注趙壹傳注引轖皆作輻葢傳寫之誤非古本如是一切經音義卷十三引同今本可證御覽七百七十二車部引作車軨前橫木更誤

又案文選思元賦注引無輻曰軨乃無輻曰輇之誤賦文撫軨軹而還睨兮當亦作輇軹軨輇字形相近也

軔礙車也从車刃聲

濤案詩小旻正義引軔礙車木也是古本多一木字今奪玉篇云軔礙車輪木

軝長轂之軝也以朱約之从車氏聲詩曰約軝錯衡𨍭軝或从革

濤案詩采芑正義引軝長轂也葢傳寫誤奪非古本如是此本詩斯干傳許君正用毛義也

軹車輪小穿也从車只聲

濤案詩匏有苦葉正義引軓輪小穿也乃傳寫奪一車字非古本無之文選思元賦注後漢書張衡傳注皆引同今本可證玉篇引輪作軸軸所以持輪義得兩通

輨 轂端沓也从車官聲

濤案御覽七百七十六車部引輨輢轂端輨也輢字傳寫誤衍轄亦沓字之誤

輂 直轅車轒也从車具聲

濤案廣韻三燭引作直轅車轒縛也蓋古本如此革部䩦車衡三束也曲轅轒詩直轅輂縛則不得少縛字

軶 轅前也从車戹聲

濤案一切經音義卷二十三轅 引作車前蓋古本或有如是作者

軥 軛下曲者从車句聲

濤案左氏襄十四年傳正義引作車軛下曲者蓋古本多一車字襄十四年傳釋文昭二十六年傳正義皆引同今本非節引節奪文

軷 出將有事於道必先告其神立壇四通樹茅以依神為軷既祭軷轢於牲而行為範軷詩曰取羝以軷从車犮聲

濤案詩生民釋文引出必告道神為壇而祭為軷乃元朗隱括節引非古本如是

轢 車所踐也从車樂聲

濤案一切經音義卷四引轢車有踐者有字者字皆傳寫之誤他卷皆引同今本可證

䡅 車䡅釰也从車眞聲讀若論語鏗爾舍瑟而作又讀若掔

濤案一切經音義卷四引䡅堅也葢古本一曰以下之奪文

軻 接軸車也从車可聲

濤案一切經音義卷六引無車字接軸車義不可通韻會作車接軸葢古本如此是元應所引奪一車字

輪 有輻曰輪無輻曰輇从車侖聲

輇 蕃車下庳輪也一曰無輻也从車全聲讀若饌

濤案儀禮既夕記疏引有輪無輻曰輇葢傳寫奪輻曰二字鄭注明引許𣏌重說有輻曰輪無輻曰輇賈氏引以釋注豈轉有異文耶

又案禮雜記載以輲車注曰輲讀爲輇引說文有輻曰輪無輻曰輇許書無輲字故鄭引以證輲之當爲輇乃正義又別引許𣏌重說有輻曰輪無輻曰輲顯係傳寫之誤

轒淮陽名車穹隆轒从車賁聲

濤案御覽七百七十六車部引淮陽名車穹葢傳寫奪隆轒二字

輦輓車也从車从㚘在車前引之

濤案一切經音義卷六引作在車前人引之也蓋古本如是今本稍有奪誤

輓 引之也从車免聲

濤案引之一切經音義卷十四卷二十五御覽七百七十二車部引皆作引車蓋古本如是今本涉輦字解而誤

轟 羣車聲也从三車

濤案一切經音義卷十二卷二十文選王元長曲水詩序注引轟轟羣車聲蓋古本多一轟字二徐二知篆文連注讀之例以爲衍字而删之矣

補 轓

濤案漢書景帝紀師古曰據許慎李登說輜車之蔽也李登

說謂聲類許慎說謂說文是古本說文有輜篆今奪

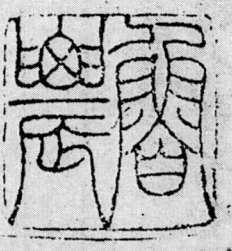

說文古本攷第十四卷下　嘉興沈濤纂

𨸏部

𨸏 大陸山無石者象形凡𨸏之屬皆从𨸏𨺅古文

濤案初學記卷五地部御覽三十八地部引土山曰阜蓋古本亦有如是作者無石即土山義得兩通或諸書所引爲釋名傳寫之誤

陵 大阜也从𨸏夌聲

濤案汗簡卷下之一引說文陵字作𨻰蓋古本有此重文今奪

阿 大陵也一曰曲阜也从阜可聲

濤案御覽五十一地部引作大陵曰阿一曰阿曲阜也蓋古
本有如是作者

陂 阪也一曰沱也从𨸏皮聲
濤案華嚴經卷十四音義引穿地通水曰池畜水曰陂也蓋
古本一曰下如此作畜水曰陂見禮月令注二徐於水部妄
刪池篆又於此處改池爲沱將穿地通水云云全行刪節無
知妄作莫此爲甚說詳水部

隅 陬也从𨸏禺聲
濤案文選笙賦注引隅曲也蓋古本一曰以下之奪文

陋 阸陜也从𨸏㔷聲

濤案廣韻五十候引作阬隘也陝即訓隘義得兩通

䧃高下也一曰陊也从𨸏从㕣㕣亦聲

濤案一切經音義卷十三引陊作墮義得兩通

隤下隊也从𨸏貴聲

濤案一切經音義卷六引隤墜下也墜即隊字之假隊下下隊義得兩通文選寡婦賦注引積墜也則崇賢節去下字非古本無此字也高唐賦注引同今本可證積墜皆假借字

隕从高下也从𨸏員聲

濤案一切經音義卷二十一引作從高而下也葢古本多一而字有此字而文義始完

阤 小崩也从𨸏也聲

濤案一切經音義卷六引小崩曰阤蓋古本有如是作者又云阤亦毀也是古本有一曰毀也四字玉篇阤字注亦有毀也一訓當本許書

隫 通溝也从𨸏賣聲讀若瀆𧮯古文隫从谷

濤案廣韻一屋引作通溝以防水蓋古本尚有一防水三字小徐本作通溝以防也乃傳寫奪水字

陘 山絕坎也从𨸏巠聲

濤案初學記卷五地部御覽三十八地部皆引山中絕曰陘古本如是今本坎字誤衍又奪中字爾雅山絕陘亦無坎字

郭注云連山中斷絕正本許說

阺秦謂陵阪曰阺从𨸏氐聲

濤案御覽七十一地部引秦謂陵𨸏曰阺阪𨸏義得兩通文選高唐賦注引同今本

隒崖也从𨸏兼聲讀若儼

濤案文選西京賦注引崖作厓義得兩通

隔障也从𨸏鬲聲

濤案文選西京賦注引隔塞也葢古本一曰以下之奪文本書土部塞隔也正互訓之例

隈水曲隩也从𨸏畏聲

濤案文選西都賦海賦七發注引皆作隈水曲也曹子建應詔詩注引隈曲也謝靈運從斤竹澗越嶺溪行詩注引隈山曲也皆傳寫或奪或誤非古本無隩字一切經音義卷二卷十四所引皆有隩字可證音義卷十引隩作隈乃傳寫之誤

隴 天水大阪也从𨸏龍聲

濤案御覽五十地部引隴山天水阪也百六十四州郡部引隴天水大阪名也五十六地部引同今本合三處互訂古本當作隴山天水阪大阪也許書之例篆文連注讀後人見解中單出一山字以爲不詞而删之矣以下阦陭等字例之名字當誤衍

陝 宏農陝也古虢國王季之子所封也从𨸏夾聲

濤案一切經音義卷三引今宏農陝縣古之虢國葢古本亦有如是作者義得兩通

陳 宛丘舜後嬀滿之所封从𨸏从木申聲⿰𨸏申古文陳

濤案汗簡卷下之二引⿰𨸏申作⿰𨸏申是今本篆體微誤

陶 再成丘也在濟陰从𨸏匋聲夏書曰東至于陶丘陶丘有堯城堯嘗所居故堯號陶唐氏

濤案漢書高帝紀注引作丘再成也葢古本如是堯嘗居之後居于唐亦當从古本如是作今本爲二徐妄删

又案詩緜正義引陶瓦竈也本書穴部窯燒瓦竈也或疑詩

用假借字冲遠所引卽窯字之訓解然匋訓瓦器匋字从之
則匋當有瓦竈一義非窯字之假借耳

除殿陛也从𨸏余聲

濤案文選懷舊賦注曹子建贈丁儀詩注陸士衡贈顧榮詩
注謝靈運詠牛女詩注引陛皆作階然月賦注御覽百八十
五居處部引同今本階陛互訓義得兩通

隙壁際孔也从𨸏从㡭亦聲

濤案文選沈休文詠月詩注引作壁際也江文通雜體詩注
又引作壁縫也二引不同必有一誤一切經音義各卷皆引
同今本則選注乃傳寫誤奪也

陴 城上女牆俾倪也从𨸏卑聲𩫔籒文陴从𩫏

濤案玉篇𩫏部𩫔籒文陴女垣也乃希馮𨻰括節引非古本如是女垣女墻義得兩通

隖 小障也一曰庳城也从𨸏烏聲

濤案一切經音義卷十引隖小障也亦小城也是元應所見本庳城作小城庳小義得兩通

𨺅部

𨽍 陋也从𨺅𦉼聲𦉼籒文嗌字

濤案汗簡卷下之二𦉼嗌見說文是古文尚有重文互奪

𨽻 塞上亭守𤎌火者也从𨺅从火遂聲隧篆文𨽻省

濤案廣韻上六至引無火字葢古本如是溪不必時時舉火無火亦應守也

宀部

⿰甾宁⿰巾盾也所以載盛米从宀从甾甾缶也

濤案汗簡卷下之二引說文此字作⿰甾宁篆法微異

又龍龕手鑑作缶盛米具也乃檃括節許書甾缶字作由與⿱巛囟⿱亼由字不同此篆本誤

又案廣韻八語引所以盛米也葢古本無載字玉篇亦無載字今誤衍手鑑亦引盛米具也無載字

叕部

綴合著也从叕从糸

濤案一切經音義卷二十三引綴合合著也乃傳寫衍一合

字他卷皆引同今本可證

内部

内獸足蹂地也象形九聲尒疋曰狐貍貛貉醜其足蹞其迹

内凡内之屬皆从内 蹂篆文从足柔聲

濤案爾雅釋獸釋文云内古文爲蹂是蹂乃古文非篆文今

本誤

离山神獸也从禽頭从内从屮歐陽喬說离猛獸也

濤案漢書司馬相如傳注引离山神也文選西京賦注引螭

山神獸形螭卽离字之通假蓋古本作山神也獸形今本也獸二字誤倒二徐又妄刪形字遂以离爲神獸則與一說無別矣此卽离魅之离魑乃离之俗字經典每假螭爲离左氏文十八年傳以禦螭魅杜引賈逵注曰螭山神獸形或曰如虎而噉虎正許君所本宣三年傳螭魅罔兩正義引服虔注曰螭山神獸形漢書司馬相如傳注引如淳曰螭山神獸形也廣雅天山神謂之离文選東京賦薛綜注曰魑魅山澤之神是魏晉以前無不以离爲山神其訓爲獸者惟歐陽今文尙書說耳一切經音義卷十六魑三蒼作螭說文作离可見古無魑字

𩹉周成王時州靡國獻𩹉人身反踵自笑笑即上脣掩其目食人北方謂之土螻尔疋云𩹉𩹉如人被髮一名梟羊从内象形

濤案爾雅釋獸釋文引云周成王時州靡國獻𩹉𩹉人身反踵自咲咲則上唇弇其目北方謂之土螻讀若費費一名梟陽初學記卷二十九獸部御覽九百八獸部皆引𩹉人身反踵自(御覽無此字)笑則(御覽作郎)上唇掩其目一名梟羊北方謂之土螻(初學記無此六字)雖詳畧不同可見古本皆重𩹉字據元朗所引古文蓋有讀若費費四字而無引尔疋語今本爲二徐妄改羊釋文作陽乃音近之誤

嘼部

嘼 犍也象耳頭足内地之形古文嘼下从内凡嘼之屬皆从嘼

濤案爾雅釋畜釋文引字林嘼犍也說文嘼牲也是古本作牲不作犍段先生謂今本以字林改說文然匡謬正俗二亦引作犍則當時自有二本畜牲畜犍義得兩通

獸 守備者从嘼从

濤案爾雅釋獸釋文引獸守備也一曰兩足曰禽四足曰獸蓋古本尚有一曰以下十字本書以禽爲走獸之總名當作鳥獸之總名而爾雅云二足而羽謂之禽四足而毛謂之獸則古訓

亦有分禽獸爲二者故許通異義二徐但據禽字之訓解刪
此十字誤矣獸守以同聲爲訓古本亦作也不作者今本者
字義不可通

乙部

乙 象春艸木冤曲而出陰气尙彊其出乙乙也與丨同意乙
承甲象人頸凡乙之屬皆从乙
濤案文選文賦注引作其出乙乙然蓋古本如是書傳中凡
用疊字者皆狀其形貌當作然不當作也今本誤

己部

巹 謹身有所承也从己丞讀若詩曰赤舄己己

濤案禮記昬義釋文引作几几與毛詩合葢古本如是今本乃傳寫之誤

辛部

辤不受也从辛从受受辛宜辤之辝籀文辤从台

濤案易繫辭釋文引辤不受也受辛者辤左氏哀六年傳釋文引辤不受也受辛宜辤也皆與今本小異葢古本作受辛者宜辤之元朗書兩引傳寫皆有譌奪今本亦奪者字耳

辭訟也从𤔔辛𤔔辛猶理辜也𤔔理也

濤案廣韻七之辭辭訟說文云說也似古本作說不作訟矣然訓解中理辜云云則作訟爲是葢廣韻傳寫訟說二字誤

易耳

子部

孕 褢子也从子从儿

濤案易漸釋文引懷子曰孕蓋古本亦有如是作者懷褢之

通

又案一切經音義卷九云孕從子乃聲此據當時俗體非引

說文也桂大令曰从儿者乃與秀下禾上並同象形

孳 汲汲生也从子茲聲孳籀文孳从絲

濤案一切經音義卷八卷十三兩引孳孳汲汲也蓋古本訓

解中有一孳字淺人疑為複舉而刪之生字古本當亦有之

元應乃節取汲汲之義耳

存恤問也从子才聲

濤案文選思元賦引存恤也乃傳寫奪一問字長楊長門賦

注所引有之可證

了部

了尥也从子無臂象形凡了之屬皆从了

濤案郭忠恕答夢英書了字合收子部今目錄妄有更改桂

大令日目錄者林罕所作偏旁小說也本書了爲部首豈林

罕改邪

孨部

孴盛皃从孨从日讀若薿薿一曰若存𦥯籀文孴从二子一
曰𦥯即奇字𣈆
濤案晉書音義卷中引作讀若薿韻會亦同蓋古本不重薿
字
𠫓部
育養子使作善也从𠫓肉聲虞書曰教育子𦵏育或从每
濤案一切經音義卷十三引作養子使從善也蓋古本如是
玉篇亦作從善今本作作者誤
申部
臾臾曳也从𦥑申丿聲

濤案一切經音義卷十九引曳申也牽也申卽臾字傳寫之誤是古臾下無曳字蓋束縛捽抴爲臾抴曳聲義相近許君蓋以曳釋臾以臾釋曳正合本書互訓之例古無臾曳之語曳字爲二徐妄竄無疑牽也蓋古本之一訓今奪

酉部

酉 就也八月黍成可爲酎酒象古文酉之形凡酉之屬皆从酉丣古文酉从卯卯爲春門萬物已出酉爲秋門萬物已入一閉門象也

濤案汗簡卷下之二丣酉說文是古本尚有此重文卯字古文作丣則此字古文亦當如是作

酒 就也所就人性之善惡从水从酉酉亦聲一曰造也吉凶所造也古者儀狄作酒醪禹嘗之而美遂疏儀狄杜康作秫酒

濤案初學記二十六服食部御覽八百四十三飲食部引吉凶所造也作吉凶所起造也是古本造上有起字今奪

釀 醖也作酒曰釀从酉襄聲

濤案一切經音義卷九引醖作酒曰釀也是古本也字在釀字下今誤倒卷二十五引醖作酒曰釀母也母字誤衍

醪 汁滓酒也从酉翏聲

濤案後漢書寇恂傳注引醪兼汁滓酒是古本有兼字米部糟酒滓也但有滓者爲糟而兼汁滓者爲醪兼字不可少若

如今本則與糟字訓無別矣一切經音義卷二云說文三蒼皆云有滓酒也又與章懷所據本不同

酎 三重醇酒也从酉从時省明堂月令曰孟秋天子飲酎

濤案初學記卷二十六服食部御覽八百四十三飲食部皆引作三重之酒也之字恐傳寫之誤非古本如是

又案六書故曰蜀本從肘省聲則今本从時省者誤二徐誤肘爲時以爲聲不相近故刪去聲字

酷 酒厚味也从酉告聲

濤案一切經音義卷四引酷急也亦暴虐也蓋古本一曰以下之奪文此皆酷字引申之義

酣 酒樂也从酉从甘甘亦聲

濤案書伊訓正義御覽四百九十七人事部引酣樂酒也葢古本如是下文酖樂酒也酣與酖聲義相近故同訓爲樂酒淺人疑涉下而誤遂妄倒其文玉篇亦云酣樂酒也當本說文書伊訓僞孔傳亦云樂酒曰酣是古無作酒樂者

醧 私宴飲也从酉區聲

濤案文選魏都賦舊注引醧酒美也蓋古本一曰以下之奪文鮑明遠翫月城西廨中詩注引字林曰醧私宴飲也或疑今本乃校者據字林改然字林本說文私宴之訓亦許書所應有葢二徐妄刪一解字

酺 王德布大歙酒也从酉甫聲

濤案史記孝文本紀索隱引酺王者布德大飲酒也出錢爲醵出食爲酺葢古本如是今本奪出錢二語又王下奪者字倒布德二字皆誤禮記禮器注云出錢合飲爲醵正與許合

醉 卒也卒其度量不至於亂也一曰潰也从酉卒聲

濤案御覽四百九十七八事部引作酒卒曰醉葢古本作酒卒也今本奪一酒字御覽廣韻六至引各卒其度量是今本又奪一各字

醟 酗也从酉熒省聲

濤案書微子釋文引作酗酒也是古本有酒字今奪

［酉句］醉醟也从酉句聲

濤案書微子釋文引作酒醟則今本作醉者誤古本疑當作醟酒也醟爲酗酒則酗爲醟酒元明書亦傳寫誤倒耳正義作酗即［酉句］字之別醟也乃傳寫奪一酒字

醒病酒也一曰醉而覺也从酉呈聲

濤案詩節南山正義引無一曰二字蓋傳寫奪非古本如是

醫治病工也殹惡姿也醫之性然得酒而使从酉王育說一曰殹病聲酒所以治病也周禮有醫酒古者巫彭初作醫

濤案一切經音義卷六引殹亦病人聲也古本當作一曰殹病人聲也酒

所以治病者藥非酒不散也卷二十四引醫治病工也醫之性得酒而使藥非酒不散故字从酉殹病人聲盖古本如是今本多誤奪

酸 酢也从酉夋聲關東謂酢曰酸䤬籀文酸从畯

濤案玉篇云䤬古文酸則今本作籀文者誤

醬 醢也从肉从酉酒以和醬也爿聲䀌古文𤖒籀文

濤案廣韻四十一漾引作醢也盖古本如是今本醢字義不可通

醢 肉醬也从酉𥁓聲𨣝籀文

濤案大唐類要一百四十六部引肥乾肉醬是古本尚

有肥乾二字今奪

酋部

尊 酒器也从酋廾以奉之周禮六尊犧尊象尊著尊壺尊太尊山尊以待祭祀賓客之禮𨠮尊或从寸

濤案爾雅釋器釋文引字從酋寸酒官法度也今之尊卑從此得名故尊亦爲君父之偁葢古本重文下有此數語故知今本說文爲二徐所刊削者不少矣

戌部

戌 滅也九月陽气微萬物畢成陽下入地也五行土生於戌盛於戌从戊含一凡戌之屬皆从戌

濤案徐鍇袪妄有从戊一聲四字又引李陽冰曰戊土也一陽也陽氣入地一固非聲又曰臣鍇以爲一自與戌爲聲不勞入地也是古本皆有此四字

亥部

亥荄也十月微陽起接盛陰从二二古文上字一人男一人女也从乙象裹子咳咳之形春秋傳曰亥有二首六身凡亥之屬皆从亥𠀅古文亥亥爲豕與豕同亥而生子復從一起

濤案玉篇云希說文亥與豕同意蓋古本同下有意字今奪

補 爿部

濤案六書故云唐本說文有爿部本書牂壯狀將牀戕牆皆

从爿聲則說文有爿字也徐鍇曰左傳遷子馮詐病掘地下冰而牀焉至於恭坐則牀也故从爿爿則爿之省象人衺身有所倚箸至於牆壯戕狀之屬並當从牀省聲李陽冰言木右爲片左爲爿音牆且說文無爿字其書亦異故知其妄云云案五經文字有爿部音牆則古本有爿部九經字樣亦云析木向左爲爿音牆當塗非妄也二徐所見說文偶奪此部而見訓解中有爿聲之字求之不得其故而爲此曲說耳

又案桂大令云本書無爿字而有從爿得聲諸字復謂爿當屬片部與反正爲乏同例然五經文字既有爿部則唐本自有此部正不必附于片部也

若欲翻書、勿以爪搯。若欲看書、勿以手壓。搯則痕多。壓則汙塌。不可摩擦、擦則糢糊。不可捲折、折則痀瘻。不可亂點。不可狂塗。識者所笑。馬牛襟裾。書貴齊整。不宜散亂。部正行勻。秩然可玩。書貴齊修。不宜齷齪。潔淨精良。人生一樂、卽不常讀。亦可常翻。讀之養心。翻者怡顏。書有廉隅、書有文飭。彼讀書者、自宜愛惜。不讀書者、亦宜惜書。雖無他智。卽此非愚。予亦有書、百千萬卷。不汙不塵。不折不捲。若欲讀書。奉贈此法。予言或然。幸垂笑納。

（魏善伯詩）

介紹文選類詁

發行所上海梅白格路一百廿一號醫學書局

文選李善注、採取諸經傳訓一百餘種、小學三十七種、緯候圖讖七十八種、正史雜史人物別傳譜牒地理藝術凡史之類幾及四百種、諸子之類百二十種、兵書二十種、道釋經論三十二種、各種文集幾及八百種、包羅羣籍、羽翼六經、自一音一義以及典章名物、皆徵文攷實、足與高誘許愼毛鄭諸家相發明。以其去古未遠、猶是經師傳授之舊也。所難者偶欲以一名一物、一音一義、徵引李注、而茫茫六十卷中、幾如大海撈針、不知從何覓起。是書將李注逐字逐條輯出、照佛學大辭典之例、依筆畫之多少而排列之。名曰文選類詁。實爲學者校讀古書時、必不可少之書。如讀說文、塋墓也。因檢本書、塋墓地。（謝元暉齊敬皇哀策文注） 知說文地字誤作也。又本書、塋冢田也。（西京賦注）冢田卽墓地。據此可正二徐本之誤。考慧琳音義八十四卷一葉角試下、引毛詩淇奧、猗重較兮。傳、較、卿士之車飾也。今毛傳奪飾字。然單文孤證、不敢據補。因查本書較下引西京賦注、車輢上曲鉤也。曲鉤卽車飾。據此可多一旁證。讀史記貨殖傳、胃脯簡微耳、濁氏連騎。胃脯二字、不得其解。因查本書胃脯條、引西京賦注、今大官以十月作沸湯、燖羊胃、以末椒薑坋之訖、曝使燥者也。讀韓愈石鼎聯句詩序、有龍頭縮菌蠢句。菌蠢二字、不知何解。因檢本書引南都賦注、菌蠢、芝貌。讀吳汝綸題玉露禪院、有踠足廻旋句。因檢本書宛足條、引舞賦注、言馬按足緩步也。宛與踠同音通假。本書自序、有昭若發蒙句。發蒙二字、辭源謂啟發蒙昧也。檢本書發蒙條、應休璉與君苗君胄書注、以物蒙覆其首、而爲發去也。其說較辭源爲優。又象棋二字、辭源謂斲木爲之。檢本書象棋條、引招魂注、象牙爲棊。其說亦較辭源爲優。凡此種種、不勝枚舉。故爲讀書參攷時必備之書也。每部二元五角。以七折算。外埠加郵費一角三分。

述文選類詁之功用

周雲青

一日、客有過丁師舍館而問余曰。令師仲祜先生所編之文選類詁、數月前曾於國學週刊九十一期、讀其自序一篇。關於編纂之方法及大旨、已知之矣。至於類詁之功用若何、猶有疑焉。因登先生門而請益之。而先生適外出。因以問君。蓋君受業先生之門者有年矣。學有師承。或有一二可以告之者。余曰諾。於是卽所見而陳之曰。文選之注。有單字。有複辭。今畧舉類詁所列。如素、本也。(洞簫賦注)素、質也。(幽通賦注)素、猶實也。(謝靈運還舊園作見顏范二中書詩注)素、故也。(歎逝賦注)素、昔也。(寡婦賦注)素、預也。(潘安仁關中詩注)素、樸也。(任彥昇齊竟陵文宣王行狀注)素、樸素也。凡物無飾曰素。(陸士龍大將軍讌會被命作詩注)素、雅素也。(劉孝標廣絕交論注)書縑曰素。(文賦注)生帛謂之素。(樂府古辭君子行注)風、俗也。(魏都賦注)風、

風也。教也。（卜子夏毛詩序注）風、聲也。（王僧達祭顏光祿文注）風、采
也。采聽商旅之言也。（沈休文奏彈王源注）風者、天子號令。（東京賦
注）風者汎也。爲能汎博萬物。一曰放也。動氣放散。或曰陰陽偏則風。
蓋陰陽擊發氣也。風者、天地之使也。陰陽散爲風。風氣無根也。風漂物
者也。風之所漂、不辟貴賤美惡。陰陽怒而爲風。大塊噫氣、其名爲風。（
風賦注）如是者不勝枚擧。皆單字也。又如讀詩國風、采采芣苢、薄言
采之。傳、芣苢、馬舃。馬舃、車前也。余以芣苢之解馬舃不甚明瞭。因查類
詁引劉孝標辨亡論注、芣苢、澤瀉也。臭惡之草。據此可知毛傳馬舃車
前之爲何物。爾雅釋詁、供、峙、共、具也。峙訓具、未知據何書。及見國語、偫
而畚挶。韋昭注、偫、具也。然無左證。因檢類詁引曹子建贈丁翼詩注、偫、
具也。引羽獵賦注、偫、具事也。據此可證爾雅之誤字。說文女部嬰、頸飾
也。查類詁引甘泉賦注、嬰、繞也。蓋頸飾也者、賏篆下之說解。二徐本誤

移於嬰下。宜改。水部潏、涌出也。查類詁引上林賦注、潏、水湧出也。二徐本奪水字。宜補。潦、雨水大貌。查類詁引南都賦注、潦、雨水也。與慧琳音義合。二徐本衍大貌二字。宜刪。讀史記秦本紀、武王謂甘茂曰、寡人欲容車、通三川、窺周室。容車二字、不知何解。查類詁引謝希逸宋孝武貴妃誄注、容車、婦人所載小車也。其蓋施帷、所以隱蔽其形容也。可補集解索隱正義之闕。讀漢書溝洫志、聞禹治河時、本空此地、以爲水猥。顏師古曰、猥、多也。查類詁引出師表注、猥、曲也。猥與隈通訓。引西都賦注、隈、水曲也。說文隩下云、水隈厓也。言空此地爲水隈厓也。則文從字順矣。足證顏注之誤。又敘傳、項氏畔換、黜我巴蜀。畔換二字、不詳何解。查類詁引班孟堅述成紀贊注、畔換、猶跋扈也。因此唐書裴度傳二賊畔換之畔換、亦迎刃而解矣。猶憶讀胡銓上高宗封事、有梓宮決不可還句。梓宮二字、檢及辭源、而嫌其注未詳。今查類詁引謝玄暉齊敬皇后哀策文注、梓宮者、禮、天子斂以梓器。宮者、存時所居。緣生事亡。因以爲名。凡人呼棺亦爲宮也。則詞義較辭源爲完善。讀唐王子安集上巳浮江宴序、茲以上巳芳節、雲開勝地。雲開二字、未知何解。頃見上虞羅叔蘊參議王集校記云、唐卷子本雲開作靈關。查類詁引蜀都賦注、靈關、山名。與唐本王集並可參證。卓文君白頭吟、躞蹀御溝上、溝水東西流。御溝二字、查類詁引謝玄暉鼓吹曲注、天淵南有石溝、御溝水也。長安御溝謂之楊溝、置楊於其上。陶潛停雲四章、靄靄停雲。查類詁引雪賦注、靄靄、雲狀。如是者又不勝縷舉。皆複辭也。既知複辭單字之散見於選注者多矣。設無類詁鈎其玄而列之。將何從探索耶。況有倍乎此者哉。茲承先生殷殷垂問、敢獻其一得之愚。尚乞一一教之。客頷首而出。俄頃丁師歸。余卽以此事之顛末告之。曰、盍書之以告世之研究舊學者。故余濡筆而爲此記。

文學叢書

照碼七折外埠
函購另加郵費

總發行所上海 梅白格路宏昌里一百廿一號
卽愛文義路新閘巡捕房後面 醫學書局

圖書館指南

顧實君耽嗜圖書。國學湛深。留學日本。考察彼邦教育。深知大圖書館。考查狀況。慨我國圖書館事業之幼稚。亟宜討求振興之策。特輯此書。內容介紹新說。闡通舊法。淹貫警闢。得未曾有。經敝主人校閱出版。公諸世好。凡欲洞悉圖書館利益及擔任圖書館職務者。皆不可不人手一編。每部定價九角

漢魏六朝名家集

福保仿嚴鐵橋先生上古六朝文目錄。編輯漢魏六朝人別集。又益以家藏舊刻。共計得一百十家。先行刊印初集四十家。共三十册。凡百三家集中之紕繆者。悉訂正之。讀之愛不忍釋。其中文勝質勝。軌轍不無歧異。而縱心孤往。才藝各有絕倫。對此四十家鉅製。歎爲觀止。苟能家置一編。昕夕研究。庶文誥筆札。均收其效。今刊是書。謂爲啟迪後進也可。謂爲保存國粹也亦無不可。每部定價十元

全漢三國晉南北朝詩

無錫丁福保編。共十一集。編輯是書。歷十餘年而成。搜羅最爲詳備。堪與嚴鐵橋先生之全漢三國晉南北朝文相對峙。卽冠於全唐詩全金詩之上。亦無愧色。求漢魏六朝詩者。此其淵海矣。是書共有全漢詩五卷。全三國詩六卷。全晉詩八卷。全宋詩五卷。全齊詩四卷。全梁詩四十卷。全陳詩四卷。全北魏詩一卷。全北齊詩一卷。全周詩二卷。全隋詩四卷。用上等連史紙印四開大本。共訂廿册。每部定價十一二元。外加冲南木箱一隻。洋九角

歷代詩話二十八種

全書共十六册。皆爲完全之足本。與明人刻書。將全書割裂者。有霄壤之別。此書自清乾

嘉以來。並無別本。流傳絕少。福保特將家藏初印本。付諸石印。其版式字體。一概照舊。並不縮小。用上等連史紙印刷。每部定價六元

歷代詩話續編二十八種

全書共二十四冊。皆據舊藏本精校無訛。用上等連史紙印刷。每部定價八元

八代詩菁華錄箋注

無錫丁福保編。內有漢詩一卷。魏詩一卷。晉詩一卷。南北朝詩一卷。選擇頗愼。博而不蕪。簡而不陋。其評語及箋注。又極詳盡。歷歷若辨淄澠而析毫末。爲漢魏六朝詩各選本中最易明白之善本。每部定價八角。

王荆公唐百家詩選

此書爲海內僅見之本。當北宋時所見之唐人詩。自與近世不同。開卷見其第一卷盧象贈劉藍田一首。卽非全唐詩所有。然則今以全唐詩爲搜羅已盡者。固知其頗有遺珠也。倘能徧加校對。其字句之異同。不可勝數。而又能於全唐詩以外。多得唐詩若干首。烏能不與海內詩學家共寶之。至板刻精良。悉存原書眞面目。尤其餘事。每部定價三元

唐詩紀事

宋計有功撰。共八十一卷。採摭繁富。於唐一代詩人。或錄名篇。或紀本事。兼詳其世系爵里。凡一千一百五十家。唐人詩集不傳於世者。多賴是書以存。外間傳本絕少。非五十元不能得。是書精校付印。用本國連史紙印。訂成十厚冊。每部定價八元

士禮居藏書題跋記六卷

乾嘉以來藏書家。當以黃蕘圃先生爲一大宗。凡宋元版精鈔本以及不可多得之祕籍。皆搜羅甚富。蕘圃先生非惟好之。實能讀之。於其版本之先後。篇第之多寡。音訓之異同。字畫之增損。及其授受源流。繙摹本末。下至行幅之疏密廣狹。裝綴之精粗敝好。莫不心營目識。條分縷析。一一爲之題跋。或跋之再三。潘文勤公將各題跋彙刻六卷。名士禮居藏書題跋記。訪求百宋遺聞者。此其淵藪矣。

每部定價二元四角

士禮居藏書題跋記續編五卷

無錫孫祖烈編輯。其內容比潘刻加多。搜羅頗爲詳備。蕘圃先生之題跋序文十之八九盡於此矣。亦可作士禮居文集觀也。每部定價二元

影印汲古閣初印本

五唐人集

第一種。孟襄陽集三卷。唐孟浩然撰。第二種。孟東野集十卷。附一卷。唐孟郊撰。第三種。金荃集七卷。別集一卷。唐溫庭筠撰。第四種。追昔遊詩三卷。唐李紳撰。第五種。香奩集一卷。唐韓偓撰。中國上等連史紙精印本。每部三元二角

影印汲古閣初印本

詩詞雜俎

第一種。衆妙集一卷。宋趙師秀編。第二種。剪綃集二卷。宋李龏集唐人句而成。第三種。范石湖田園雜興詩。宋范成大撰。第四種。月泉吟社詩一卷。宋吳渭編。第五種。谷音二卷。元杜本編。第六種。河汾諸老詩集八卷。元房祺編。第七種。三家宮詞三卷。明毛晉編。三家者。一唐王建。一蜀花蕊夫人費氏。一宋王珪也。第八種。二家宮詞二卷。明毛晉編。二家者。一爲宋徽宗皇帝宮詞三百首。一爲寧宗楊皇后宮詞五十首。第九種。元宮詞一卷。明蘭雪軒主人撰。第十種。漱玉詞一卷。宋李易安女士撰。第十一種。斷腸詞一卷。宋朱淑眞女士撰。第十二種。龍輔女紅餘志二卷。明龍輔女士撰。中國上等連史紙精印本。每部三元二角

秋水集十卷

無錫嚴繩孫撰。朱竹垞序云。予特愛其詩古文辭。澹然而平。盎然而和。雍容紆裕而不迫。庶幾可入古人之域。視世之鏤琢字句。以眩人耳目者遠矣。徐虹詩云。詩篇意象超越。不爲綺靡之音。蒼峴山人曰。詩沖融澹易。閒雅深秀。采如其爲人。是書傳本甚少。即訪之藏書家。亦往往不得一見。茲覓得原本。重印二百部。每部洋二元四角

宋四靈詩集

芳蘭軒集一卷。宋徐照撰。照字靈暉。二薇亭集一卷。宋徐璣撰。璣號靈淵。西巖集一卷。一名葦碧軒集。宋翁卷撰。卷字靈舒。清苑齋集一卷。宋趙師秀撰。師秀字靈秀。用本國上等連史紙精校付印。每

部二元

古文緒論

學古文之南針也。凡五十七條。桂林呂月滄郡丞。就宜興吳仲倫先生問而得之者。吳先生名德旋。以詩文鳴於時。著有初月樓集。其文於古人法度無不合。而其言則深造獨得。未嘗有所依傍。月滄郡丞。篤嗜古文辭。追見先生而體格一變。此書外間傳本絕少。今由無錫萬叔豪詳加注釋。刊以行世。俾學者知從入之途。每部大洋二角

校宋本 宋九僧詩

九僧者。希晝。保暹。文兆。行肇。簡長。惟鳳。宇昭。懷古。惠崇是也。歐陽公六一詩話曰。國朝浮圖以詩名於世者九人。故時有集。號九僧詩。今不復傳矣。汲古閣毛扆曰。歐公當日以九僧詩不傳爲歎。余後公六百餘年。得宋本弆而讀之。豈非千古幸事哉。今此書傳本甚少。余得毛氏印宋本。亟付印以公同好。每部實洋三角

吳稚暉文存

吳稚暉先生名敬恒。積學能文。深於音韻訓詁之學。兼通英法日三國文字。著作甚富。尤於國音一科。別有創解。其爲文見理精確。論事透闢。一種橫厲無前之氣。當之者無不披靡。至其取材之豐富。上自天球宗彝。下至圜中石乾矢橛。無不佐其筆陣之縱橫。而字法句法。往往戛戛獨造。脫盡恆蹊。目無桐城派陽湖派之餘子。眞近世鏤心嘔血之大作品。神工鬼斧之大文豪也。每部分訂兩厚冊。定價大洋一元五角

疇隱居士自訂年譜

居士爲錫邑舊族。幼承父兄之教。勤劬力學。年十四五。已通治漢魏六朝數十百家之文。以故是書所載。經營事業外。又多論列治學之說。閎通博洽。擘理分肌。足以啟發爲學之涂徑。並附所著漢劉六朝名家集。全漢三國晉南北朝詩。說文解字詁林。文選類詁等序文。都古雅樸茂。有物有則。尤足爲學者讀誦之資。每部實洋三角

佛學界之重要典籍四種

贈送佛學大辭典樣本

敝處新印之佛學大辭典、其考據之精詳、搜羅之廣博、約比佛學小辭典多十倍。蓋以是書筌賓於羣經、殺烝於衆論。識大識小、亦玄亦史。莊嚴如入天府、瑰麗如入都市。大則黃鐘赤刀、弘璧琬琰。小則米鹽粟菽、竹馬晬盤。色色形形、奇奇怪怪。聞者動心、觀者駭目。舉凡東西兩方與佛乘有關係之學說、悉滙萃於斯。洵屬名理之淵府、心王之遊苑、蔚然爲東西大小乘元氣浩汗之一切經之總注也。是書共十六冊一千七百餘頁。與甲種辭源相彷彿。每部實洋十二元。郵費四角。樣本函索卽寄。

贈送重印正續一切經音義附通檢樣本

正續一切經音義一百十卷。綱羅古訓。音釋梵撫。拾蓁廣。包孕彌富。攷正聲義。辨聚字體。大抵遵漢魏經師遺說。而旁取唐以前各字書。華藻雲披。妙義綸貫。乃至西土梵音。人文地理。亦皆不遺不溢。囊括羣有。理事無礙。信乎無美而勿臻。誠儒林不可少之書。亦釋家必宜備之本也。每部實洋九元八角。郵費三角。存書無多。欲買宜速。樣本函索卽寄。

仿大辭典式 翻譯名義集新編

是書原本共二十卷・六十四目。宋法雲大師編。以經典所用之語・分類編列。如係梵語・則譯以華言・並詳其得名之由及沿革 誠讀內典者不可少之書也。惟原書不易檢查 今特將原書各條照第一字筆劃之多寡爲次第・仿佛學大辭典體例重行改編。更將各條之種種異名・以及各條中所引典故一一揭出・編爲索引・冠於簡首。庶幾玄名妙義一檢便得・無冥搜闇索之苦。洵爲考據內典之最善本矣。每部實洋一元。郵費一角

仿大辭典式 三藏法數

三藏法數五十卷•明永樂中一如法師等奉敕編纂也。凡大藏中關於法數之名詞•是書一一輯出。共計千五百五十五條。其解釋根柢經論•折衷融貫•若絲連而璣組。凡艱深之理•尤能以淺顯之筆達之。原原本本•如數家珍。洵覺海之津梁•昏塗之東炬也。惟原書總目•尙不盡適用。凋非法數之專名•雖欲檢查•頗有無從下手之苦。於是別編通檢•弁於簡端。將全書千五百五十五條及各條中所引之專名•一一析出、各依筆畫之多寡•編入通檢之內。偶一檢查•即知某名詞在某葉某層。一覽瞭然。學者頗稱便焉。每部實洋三元。郵費一角三分

道學界絕無僅有之巨編

贈送道藏精華錄百種樣本

守一子少爲閱覽博物之學•而於宋儒之言性理者•亦稍涉藩籬。顧自中歲以還•乃耑心學道。凡三洞奇編•十洲秘笈•皆廣搜博采•逐時甄錄。擘華焉。汲汲焉。精究三乘•詳觀四輔。排比纂次。歷有年所。上自三清妙典•下迨南北兩宗•以及諸眞之著述•諸子之疏解•有美畢臻•無奧不備。此所謂提其要鉤其玄•探滄海而得珠。排泥沙而出璞者矣。讐勘既竣•爰付梓人。名曰道藏精華錄。凡百種。分爲十集。每集十種。在編者則博觀而約取。在讀者實事半而功倍。如登康莊•如游五都•如入洞天福地•如親聆古人口口相傳之詔語。可以定慾海之瀾•登道岸之筏。撤無明之網•絕有漏之緣。悟涵三抱一之精•窺九轉八還之妙。取之不竭•用之無窮。豈非玄府之總持•大羅之密諦也哉。是書用上等連史紙精印。共訂十二厚册 定價二十元。特價十元。外加郵費三角二分。樣本函索即寄。

贈送道藏續編第一集樣本

是書原本爲金蓋山人龍門第十一代閔一得所編訂。守一子重刊。所收太一金華宗旨•東華正脈皇極闔闢證道仙經•尹眞人寥陽殿問答編•泄天機•古法養生十三則闡微•上品丹法節次•呂祖師三尼醫世功訣•天仙心傳•天仙道程寶則•泥丸李祖師女宗雙修寶筏•金丹四百字註釋等•皆道家精要之秘笈•天

仙不傳之心法。外間傳本絕少。今用·上號連史紙精印·以餉同志·每部照預約實洋三元。外埠函購·另加郵費一角二分·樣本函索卽奉。

文學各書

贈送重印說文古本攷樣本

嘉興沈濤所著說文古本攷。甄錄羣言。實事求是。既不拘文牽義而失之鑿。又不望文生義而失之疏。措辭謹嚴。體例完密。洵足以補苴段氏注鈕氏校錄之所未備。為治許學者之要書也每部定價大洋六元外埠加郵費二角。書印不多。欲買宜速。樣本函索卽寄。

贈送說文解字詁林樣本

是書以大徐本為首。次則萃集治說文者諸家學說、暨其他著述論及說文者類聚而成。每字提行為一條、重文附後、悉依大徐本原次而歸類。共采列說文著述一百五十餘家。都八百餘卷。約一千數百萬言。洵許學之大觀也。樣本函索卽寄。

近代詩選

是書已出至第三集。初集三卷、係儀徵嚴譽之先生所選訂。二集三卷、三集二卷、係武進沈雨人先生所選訂。詞旨爾雅、一以溫柔敦厚為歸。不離乎風人之旨。絕少靡靡之音。其去取之嚴、選擇之精、足與沈歸愚、先生之國朝詩別裁並駕齊驅。初集業已售完。第二三集。每部實洋一元三角

說文目錄

此書上自漢唐·下迄近今·凡關許學著述·靡不蒐采羅列·有五百餘種之多·全書共分六類·尤為醒目·洵從來未有之說文目錄·允為研求小學者不可不備之書·初版二百部早罄·茲再版已出·每部定價六角

文選類詁

是書將程一夔先生所輯選雅二十卷、依照筆畫多寡、部居先後、畧倣駢字類編之法而重編。某詩某文注於各字之下。三言五言、悉以首字為斷、東海無際、既

匯衆流。南山雖高、此其捷徑。簡首冠以通檢、以資檢査。並可用檢文選李注。惟是先梁作家文字、每用同音通借、故復取薛傳均之文選古字通疏證二百四條、杜宗玉之文選通段字會四百六十九條、併輯入焉。薛書則注明疏證、杜書則注明字會、以示區別。每部定價大洋二元五角

高忠憲公詩手稿眞蹟

高公詩宗陶韋・書法雲林・非尋常翰墨家所能企及・此本視高子遺書所刻詩較多・的爲公手書底稿・洵可貴之帙也・每部定價大洋六角

汪文摘謬

是書爲嘉善橫山先生葉燮著。先生論文向與汪堯峰氏不合。逮堯峰歿。遂拈其文數首摘其謬戾。逐段注明。一字一句。靡不平論允當。文祇十篇。殆爲其門人私錄者。今物色得之。亟付梓印行。匪獨存先生緒論於萬一。而文律之謹嚴。尤足以津逮後學。每部大洋五角

詩法捷要

是書爲武進顧實編纂。分前中後三編。前編爲七絕平仄式、前對格、後對格、全對格、拗體、詩仄韻、詩通韻、詩冒韻、詩五絕平仄式、總提法、總結法、間架法、兩折法、間對法、扇對法等。中編爲仄起式、平起式、字法、句法、對法、章法、七律、五律、排律、名人對聯等。後編則七言古詩平仄法、五言古詩平仄法、古詩韻脚法、古詩作例等。凡用字造句、聲律格調、纖悉畢舉、推闡無遺。並於所列詩句每字傍皆加以平仄符號、可令人一覽瞭然、知某字爲平、某字爲仄。洵爲初學之捷徑、作詩之要訣也。每部定價大洋一元

老子玄玄解

是書爲無錫黃星若先生近著。經文則折衷諸家而楷定之。解釋則深入顯出、能達微旨。洵解老中最透闢最明白之本也。每部實洋五角。外埠郵費八分

尺牘叢書

以下各書照碼七折　外埠函購另加郵費

國朝名人書札

此書乃搜集國朝名人百餘家通用手札編輯而成。共分十四類。一通問類。二復答類。三請求類。四復謝類。五延請類。六辭却類。七餽贈類。八祝賀類。九唁慰類。十借助類。十一頌讚類。十二論述類。十三規諫類。十四家書類。每類又分子目數十門。指明其所爲何事。所求何物。全書書札幾及千篇。分訂三巨冊。世界文化日進。人事日繁。韶華轉眼。寸陰可貴。吾國各界。素尙尺牘。一紙虛文。不憚攻究。費時失事。莫此爲甚。何如據一部成書。振筆直抄。以節下之時間。用於有爲之事業乎。此同人編輯此書之宗旨也。每部大洋一元五角

近世名人尺牘教本

尺牘爲文藝餘事。故古人不入本集。然尺牘爲通信之機關。縮千里於一堂。臚萬緒於尺幅。達難言之隱。將不腆之儀。每當倚閭望遠。家書可抵萬金。時而對月思鄉。結轖伸於一紙。上而達官。下而士庶。靡不用之。尺牘之重。諒海內所公認。是編專選近世諸大家往還之作。遠自顧黃孫洪。近如曾彭左李。餘則隨園簡齋。曲園蔭甫輩。凡諸名人。無不羅列。雄偉奇麗。短勁遒逸。無美不收。洵人人可奉爲模楷者也。每部一元四角

管異之先生 梅伯言先生 尺牘

上元管同梅曾亮撰。二先生俱負經世學。少遊桐城姚姬傳門。姚先生以古文名於世。少許可。顧獨稱二先生。是作文筆峻勁。趣重語博。犂爲通人。爲尺牘中不可多得之傑作。每部定價大洋二角

朱鼎甫先生尺牘

義烏朱一新撰。先生由進士轉監察御史。志期匡國。日思陳善納誨。宏濟艱難。卒以論內侍獲戾。後受兩廣總督張文襄之聘。歷充端溪廣雅書院山長。以經訓性理及史事詞章有用之學誨諸生。一時兩廣高才生。咸請益焉。是書爲先生言行之精華。爲近世罕見之本。每部大洋二角

吳穀人先生尺牘

錢唐吳錫祺撰。先生由進士官祭酒。工駢體文。兼詩善倚聲。所著有正味齋集。朱鼎甫稱其爲文整縟雋雅。可上躋六代、下掩三唐。吳爲駢文正宗、是作短勁遒逸。合於民生日用。洵爲有清尺牘第一。每部大洋三角

芙蓉山館師友及王眉叔先生尺牘

芙蓉山館師友尺牘者。芙蓉山館主人楊芳燦。與師友往還之作也。凡諸名人。無不羅列。尺牘書中。此爲盡善盡美矣。眉叔名詔壽。山陰人。爲文一宗於道。是作尤雄偉奇麗。雙管齊下。讀之令人目迷五色。與上作合刊。珠聯璧合。可稱雙絕。每部定價大洋二角

劉芙初先生 李申耆先生尺牘

陽湖劉嗣綰武進李兆洛撰。剛健麗則。黼黻雍容。詞句茂美。藻采斐然。尺牘書中。歎觀止矣。每部二角

陳其年先生 尤西堂先生尺牘

宜興陳維崧長洲尤侗撰。維崧號迦陵。康熙時召試鴻博。由諸生授檢討。文名震一時。尤以詞及駢文稱。是作藻思綺合。清麗芊綿。世無與匹。尤侗號悔菴。康熙時召試鴻博。累官侍講。清世祖每覽西堂雜俎。稱爲眞才子。其文之見重如此。其尺牘今由本局精印行世。每部定價大洋二角

惲子居先生 張廉卿先生尺牘

武進惲敬武昌張裕釗撰。惲敬字子居。治古文。得力於韓非李斯。與蘇明允相上下。近法家言。世稱陽湖派。吳仲綸稱其兼綜百家。而其鎔鍊陶洗之功。非貌爲秦漢者所能企。誠詞林中上品也。裕釗資才夐絕。所爲古文。精深邃博。達乎天地之源。其尺牘讀之不第增長識見。亦可以啟發文思。每部定價大洋二角。

張嘯山先生尺牘

南匯張文虎撰。先生嗜古博覽。不求聞達。深於校勘之學。久客曾文正公軍幕。所謂古文。造詣極深。最負時望。此書爲先生與師友往還之作。於名物訓詁六書音韻樂律中西算術。多所考證。而記遊之作。尤栩栩欲生。坊間所出先生之尺牘。非錯誤。即脫落。是書皆依精本校正。每部大洋二角

總發行所上海梅白格路宏昌里一百二十一號**醫學書局**

少年之模範 勸善之書。汗牛充棟。類皆言不雅馴。爲通人學者所不樂觀。無錫丁君福保特選錄二十四史中之嘉言懿行。足爲少年進德修業之模範者。分門別類。彙爲一編。名曰少年之模範書凡十二章。第一章勤學之模範。第二章自治之模範。第三章孝之模範。第四章弟子之模範。第五章兄弟之模範。第六章夫婦之模範。第七章交友之模範。第八章尙武之模範。第九章服官之模範。第十章敎子之模範。第十一章殉國之模範。第十二章雜識。每條皆注明出於某史。一則講解時便於檢查。一則使學者知出於正史。非稗官雜書之可比。而其中所載之嘉言懿行。悉爲吾人立身行己所不可少之指南鍼。學者苟能一日三復。身體而力行之。鮮有不成爲完全之人格者。 每部三角照碼七折郵費八分

女誡註釋 後漢班昭撰。無錫裘梅侶女士註釋。詮辭淺顯。明白如白香山詩。老嫗都解。敎女者宜取則焉。 每部二角

溫氏母訓 明溫璜述其母陸氏之訓也。著錄於四庫全書。是書於立身行己之要。相夫敎子之大。簡賅切至。字字從閱歷中來。能耐人尋思。發人猛省。末附趙撝謙之吉德三十條。凶德四十條。今吾國女界之知識。漸入昌明。捨凶趨吉。先從兒童始。欲兒童之果能去凶入吉也。先從母始。 每部二角

讀書錄 明薛文清博綜文典。究極要領。嘗慕橫渠之爲學。精思不舍。晝夜驗之於心。體之於身。有

得則筆之於紙日積月累成讀書錄一書其言近其指遠其論事核而有中其教人約而有序誠療饑之菽粟愈病之藥石也無錫丁福保君擇其中淺近而切於日用者錄之成帙名曰讀書錄錄簡易明白學者當家置一編爲克己省察之資其裨益非淺鮮也　每部四角

聽訓齋語二卷恒產瑣言一卷　清張文端公英撰文端公爲清初名臣此書多教子孫之言諄諄以立品讀書養身擇友爲務並及讀書寫字作文保守田產諸法足以爲子孫立德之基其言溫厚和平中正切實不爲高遠難行之論不離日用常行之內信乎其爲有德者之言也讀竟使人寬厚愉悅風清神遠咀之而有餘味粗獷之氣爲之一歛洵可爲激烈諸少年之藥石　每部三角

新道德叢談　此書爲無錫丁福保君最近之作羅列東西洋各國之新道德學說參以著者意見悉心編纂而成凡十一章私德公德靡不分條詳載爲近今研究新道德中之最完善本　每部四角

少年進德彙編　無錫丁福保編纂共分四冊凡公德私德及最新之衛生法按編詳載足爲少年進德之金針出版以來行銷遍海內外可見此編之力量宏大矣現照本出售　每部實價四角郵費一

青年叢書十一種　照碼七折　外加郵費

一新青年之模範　青年時德性尚未堅定。偶遇外誘・馴致陷溺而不可收拾。此書採集中外名人言論・理至精微可味。尤堪爲青年之法式。青年讀是書而循之以行・則不特可蔚爲高尚有用之人才・且可日躋世界於完美愉快之境域。　每部三角

二 學生之模範

夫學生猶璞玉。須攻錯而成器。無論程度之高卑・他日為士為商等・其關係將來家國之盛衰・斷由今日學生之良窳而為之轉移。是書所述・關於熬煉琢磨・修養道德之談、皆閱歷深造之言。學生以之為範・可以堅向學之心。而養成勤勉高超之人格。 每部二角五分

三 青年科學

無錫丁惠康譯述。今之醫界・如婦人科・小兒科・皆已分科研究・不遺餘力。獨於青年科闕如。近世書籍關於青年之修養者・雖有多種。然皆從心理學與倫理學立論。罕有從醫學上專論青年之衛生及青年之修養法者。本書乃譯系左近先生之青年科學而成・以為之先導。勉青年為善良之人。不從倫理上立論・而從醫學上立論。故得讀本書者・苟能身體力行。自然體格健全・精神亦化為良善。蓋身心兼益之本也。且本書不僅為有益青年身心而已。而書中所述疾病・治療等・皆為最新之學說。亦可為醫士諸君參考之一助焉。 每部六角

四 青年最危險之一問題

是書為濟陽破納編譯。共分兩編。上編為性慾發生與性的衛生。敘性慾發生之原理與性的衛生之諸要點・理至透徹。下編為手淫之影響與其矯正法、凡手淫之原因・症候・抑制・治療等法。皆言之綦詳。大抵青年時最危險之問題為性慾。有性慾不能達其目的而誤犯手淫者・是又危險中之危險矣。此書能令已犯者得治。未犯者不犯。洵可謂渡青年出險津而登康衛之慈航、 每部四角

五 結婚與衛生

無錫守一子編譯。結婚為人類繁殖之基礎。而人生終身之禍福榮辱繫焉。其利害近則關於夫婦。遠則及於子孫。實諦婚之初・不可不慎重將事也。結婚後又當注重衛生。若不知節度・則不免傷身促命。家庭間之苦痛・有不忍言者。誠可畏也。本書詞旨新雋。凡關於結婚之性情選擇・體質配合・疾病避忌・血統利害・皆推闡無遺。而於娠後保攝・又三致意焉。為青年者・尤宜人手一編・細加研究。可使未婚者獲諦良善之婚姻・享家庭美滿之幸福。已婚者能保固有之健康・且得體質强壯之兒女也。 每部二角五分

六 讀書指南

無錫丁惠康編纂。此編乃甄錄先哲論學之語・設為問答。平易近情、篤實切理。無歧途。無躐等。持之有故。言之成理。俾上質約指而逾明・不致馳騖無涯之智、中材孱守而可跂・亦不至暄暄姝姝墨守一先生之言。由此擴而充之・可進於博雅淹通之域、即守此勿失・亦不至為鄉曲固陋之士。此即所謂階梯中之階梯・門徑中之門徑。當今青年學子・終年致其力於各科學及外國之語言文字・而於吾國經史百家之書・固已無暇深入其閫奧矣。 然亦

宜略涉藩籬。爲他日讀書之預備。則此指南一書。誠爲當世學子欲從事於國學者之不可不讀者。
每部七角

七　胎產必讀　無錫黃階泰編。夫胎產事。除男女於生理上有特別之障礙外。爲有家者所不能免。顧女子自妊娠而至產褥。爲生平最重大之變化。又爲最危險之經過也。往往有細微之不慎。而遂釀成終身不治之症者。以故女子於胎產。不獨有切己之關係。且影響及於種族之强弱也。是以青年男女。於胎產之智識。不可不研究焉。是書所集。皆係最新學說。且切實簡明。爲普通所適用者。共二十八章。凡自妊娠以迄育兒。其攝生。處置。保護。治療諸法。無不略備。俾宜室宜家者。得讀是書。咸具有胎產之常識。則非唯免種種之危害。且於室家健康之福。螽斯衍慶之盛。胥於是得之矣。　每部四角

八　精神病學一夕談　無錫丁惠康譯述。夫有精神病患者。非特精神荒廢。不能完成其職業。且爲家族社會之累。並影響於國家。故精神病學之知識。小之與個人生死有關。大之與法律衛生教育哲學心理及國家經濟。均有密接之關係。是以精神病學之研究。亦當今之急務。譯者有鑒於斯。乃譯日本杉江董君之精神病講話而爲是書。凡本病之原因。症狀。保護。救濟。已畧具大概。允爲一般家庭人士所不可不讀之書。且可爲實地醫家與法律家教育家及青年學者之參考焉。　每部一角五分

九　不服藥之自然療法　無錫黃階泰編譯。是書發揮自然療能。一本諸經驗而論。非理想的空談。凡慢性病中之肺結核。加答兒。喘息。腺病。貧血。僂麻質斯性疾患。心臟病。腎臟及泌水器病。消化器病。神經疾患等。藥物治之無效者。無不可以空氣。日光。水等挽回人體之自然療能而治愈之。以濟物質醫學之窮。於中轉地療法及氣候之一般。又言之甚詳。足爲醫療上之研究而取用者也。　每部四角

十　松禪手書叢帖　青年時精神修養之最要者。莫過於克制性慾。但求其所以制之之法甚多。習字亦其一焉。習字非但能使性慾無形消滅。且能養成忍耐心。彙之本帖又爲翁書之精華。都雄偉絕倫。豐妍多力之字。於腴瘦大小體格。無不略備。可各投學者之所好。苟能日習無間。更能以書法名於世。是一舉而數利備焉。誠青年有益無弊之舉也。
每部六角

十一　澄懷園語精華錄　是書爲桐城張文和公廷玉原著。丁士康節錄。其中都布帛菽粟之言。不啻寒可衣而飢可食者。苟玩索有得。則終身用之有不能盡者矣。洵爲青年學子朝夕所必需讀誦之書也。　每部一角六分

最近出版佛學叢書　總發行所上海梅白格路一二一號醫學書局

印光法師曰。一切佛經及闡揚佛法諸書。無不令人趨吉避凶。改過遷善。明三世之因果。識本具之佛性。出生死之苦海。生極樂之蓮邦。讀者必須生感恩心。作難遭想。淨手潔案。主敬存誠。如面佛天。如臨師保。則無邊利益。自可親得。若肆無忌憚。任意褻瀆。及圖執管見。妄生謗毀。則罪過彌天。苦報無盡矣。倘鑑愚誠。則幸甚。

法華經句解

八卷。宋釋聞達解。中國久已失傳。今得仿宋本於日本而重刊之。此經之字。有以音同而誤者。如今本改名爲明。有以形似而誤者。如若草木及筆句。今本改筆爲葦。此書與今本相校。可校正今本之誤數十處。此仿宋本之所以可貴也。夫所謂句解者。逐句詮釋。不事繁徵博引。唯以疏通大旨爲主。如古人解經之作內傳者然。儒家之著述。古今來以句解名者。則爲宋朱申撰周禮句解。元朱祖義撰尚書句解。及春秋左傳句解。孝經句解等。雖循文詁義。無大發明。而較之竄亂古經。橫生新義者。猶不失蘧蔵之義焉。蓋以句解之體例然也。釋氏經典之有句解。則自是書始。雖其文義間涉淺易。而於初學良便。不可謂非讀法華者。難得之善本也已。尙首附法華經靈感錄十餘頁。尤爲特色。每部一元二角

圓覺經略疏

佛言。此經百千萬億恒河沙諸佛所說。三世如來之所守護。十方菩薩之所歸依。十二部經清淨眼目。亦名如來決定境界。名爲頓教大乘。頓機衆生。從此開悟。亦攝漸修一切羣品。布施七寶。積滿大千世界。不如聞此經名。及一句義。教百恒河沙衆生得羅漢果。不如有人宣說。此經分別半偈。圭峯禪師作略疏。裴相作序。盛行於世。每部四角五分

維摩經註

什法師譯。什肇生睿四法師注解。維摩詰。此云淨名。示疾毘耶離城。佛遣聲聞諸菩薩問疾。皆辭不任。文殊與八千菩薩大弟子等。來入丈室。問答妙法。深談實相不二法門等。借座燈王。請飯香積。手接大千。室容海衆。亦名不思議解脫法門。每部四角

大乘起信論捷訣

濟陽破衲編。此論示無價寶。詮最上乘。演恒沙之法門。惟在方寸。開諸佛之祕臧。本自一心。遣執而不喪其眞。存修而亦忘其相。少文而攝多義。假名而會深旨。返迷歸極。莫不由之。惟其理頗爲精奧。不得其訣。

三

雖上哲亦苦其難。苟得之，中材可勉赴焉。此書指示要訣頗詳。得要訣後，必能盡解。洵可謂速通起信論之妙法也。每部三角

翻譯名義集新編（仿大辭典例）

是書原本共二十卷，六十四目。宋法雲大師編。以經典所用之語，分類編列。如係梵語，則譯以華言。並詳其得名之由及沿革。誠讀內典者不可少之書也。惟原書不易檢查。今特將原書各條照第一字筆劃之多寡爲次第。仿佛學大辭典體例重行改編。更將各條之種種異名。以及各條中所引典故一一揭出，編爲索引，冠於簡首。庶幾查一名妙義，一檢便得，無冥搜闇索之苦。洵爲考據內典之最善本矣。每部一元

佛教宗派詳註

是書凡分十宗。曰律宗。俱舍宗。成實宗。三論宗。天台宗。賢首宗。慈恩宗。禪宗。密宗。淨土宗。爲石埭楊仁山先生所著。提要鉤玄，於各家宗派，該攝無遺，不啻爲佛海之要津，法藏之寶鑰也。茲由無錫萬叔豪先生詳加注釋。追源溯流，務使閱者一覽瞭如。至若律宗中之三昧律師，密宗中之惠果大師等數十條。其事實爲世人所不易知者，亦莫不廣爲搜羅，一一詳細注解。有志研究佛學者，洵宜人手一編也。每部四角

袖珍本佛經叢刊第一集

佛經卷帙夥頤，來往舟車，頗以不能攜之巾箱爲憾。考南史齊宗室傳衡陽王鈞，嘗手自細寫五經，置巾箱中，世號巾箱五經。文獻通考，載劉原父初爲總經之學，寢食坐臥，雖謁客未嘗不以六經自隨。蠅頭細書爲一編，置夾袋中，人或效之。後備書者遂爲雕版，世傳夾袋六經是也。夫儒家之經，亦以大本爲不便攜帶，固有別爲小本者矣。余擬師其例，擇佛經及陀羅尼當朝夕諷誦者，得若干種。印成袖珍本。其目如下。○金剛經○心經○阿彌陀經○觀世音經○佛遺教經○四十二章經○八大人覺經○大悲咒○往生咒○准提咒○觀音十句經○白衣咒○讚佛偈及念佛方法○發願文○每部一角四分

勸戒錄類編（仿宋版精印）

是書爲福州梁敬叔先生原著。濟陽破衲分類重編。用上等連史紙仿宋版精印。凡錄皆見聞的確善惡果報之事。直是暮鼓晨鐘，足以醫迷覺妄。並且據事直書，婦孺皆可通曉。允宜家置一編，庶幾傳觀徧說，爲陳福勸善之金箴，示禍戒惡之木鐸也。每部四冊，實價六角